희미한 옛사랑의 그림자

김광규 시선

희미한 옛사랑의 그림자

오늘의 시인 총서 16

민음사

차례

1 1975년 봄 – 1979년 여름

詩論 — 11
靈山 — 13
有無 1 — 14
有無 2 — 15
나 — 17
미래 — 20
여름날 — 21
어느 志士의 傳記 — 23
진혼가 — 24
묘비명 — 26
고향 — 27
봄노래 — 28
저녁 길 — 29
물의 소리 — 30
물오리 — 32
오늘 — 35
도다리를 먹으며 — 38
희미한 옛사랑의 그림자 — 40
안개의 나라 — 43
유령 — 44
대화 연습 — 46
생각의 사이 — 48
歲時記 — 50

차례

작은 사내들 ——————————————— 52
어린 게의 죽음 ————————————— 55
상행 ——————————————————— 56
소액 주주의 기도 ——————————— 58
늦깎이 ————————————————— 61

2 1979년 가을 - 1983년 여름

오래된 물음 ——————————————— 65
조개의 깊이 ——————————————— 67
인왕산 —————————————————— 69
수박 ——————————————————— 71
반달곰에게 ——————————————— 73
늙은 마르크스 ————————————— 74
바닷말 ————————————————— 76
어느 돌의 태어남 ——————————— 78
450815의 해방 ————————————— 80
二代 ——————————————————— 82
4월의 가로수 ————————————— 83
5월의 저녁 ——————————————— 84
어떤 고백 ——————————————— 85
쓰레기 치는 사람들 ————————— 87
목발이 김씨 —————————————— 89
만나고 싶은 ————————————— 92

차례

야바위 —— 94
희망 —— 96
누군가 —— 98
物神素描 —— 100
태양력에 관한 견해 —— 102
얼굴과 거울 —— 104
잊혀진 친구들 —— 106
三色旗 —— 108
1981년 겨울 —— 110
나의 자식들에게 —— 114
아니다 그렇지 않다 —— 116

3 1983년 가을 - 1986년 봄

줄타기 —— 121
손가락 한 개의 —— 122
홰나무 —— 123
옛 향로 앞에서 —— 125
가을 하늘 —— 126
사오월 —— 127
매미가 없던 여름 —— 129
책노래 —— 130
이사장에게 묻는 말 —— 132
새 문 —— 134

차례

O씨의 직업 ──────────────── 137
사랑니 ──────────────────── 138
나무처럼 젊은이들도 ─────────── 140
버스를 탄 사람들 ────────────── 142
젊은 손수운전자에게 ─────────── 144
북한산 언덕길 ──────────────── 146
그때는 ──────────────────── 148
봄길 ───────────────────── 149
뼈 ────────────────────── 151
心電圖 ──────────────────── 153
낯익은 구두 ───────────────── 155
효자동 친구 ───────────────── 157
늙은 소나무 ───────────────── 158
그 ────────────────────── 160
크낙산의 마음 ──────────────── 162

해설/김영무
〈영산〉에서 〈크낙산〉으로 ──────── 165
연보 ───────────────────── 183

1
1975년 봄 – 1979년 여름

詩論

여름 한낮 땡볕 아래
텅 빈 광장을 무료하게 지나가다
문득 멈춰 서는 한 마리 개의
귓전에 들려오는

또는 포도밭 언덕에
즐비한 시멘트 십자가를 타고
빛과 물로 싱그럽게 열리는

소리를

바닷속에 남기고 물고기들은
시체가 되어 어시장에서
말없이 우리를 바라본다
저 많은 물고기의 무연한 이름들

우리가 잠시 빌려 쓰는
이름이 아니라 약속이 아니라
한 마리 참새의 지저귐도 적을 수 없는

언제나 벗어 던져 구겨진

언어는 불충족한
소리의 옷

받침을 주렁주렁 단 모국어들이
쓰기도 전에 닳아빠져도
언어와 더불어 사는 사람은
두려워하지 않고 슬퍼하지 않고
아무런 축복도 기다리지 않고

다만 말하여질 수 없는
소리를 따라
바람의 자취를 쫓아
헛된 절망을 되풀이한다

靈山

내 어렸을 적 고향에는 신비로운 산이 하나 있었다.
아무도 올라가 본 적이 없는 靈山이었다.

영산은 낮에 보이지 않았다.
산허리까지 잠긴 짙은 안개와 그 위를 덮은 구름으로 하여 영산은 어렴풋이 그 있는 곳만을 짐작할 수 있을 뿐이었다.

영산은 밤에도 잘 보이지 않았다.
구름 없이 맑은 밤하늘 달빛 속에 또는 별빛 속에 거무스레 그 모습을 나타내는 수도 있지만 그 모양이 어떠하며 높이가 얼마나 되는지는 알 수 없었다.

내 마음을 떠나지 않는 영산이 불현듯 보고 싶어 고속버스를 타고 고향에 내려갔더니 이상하게도 영산은 온데간데 없어지고 이미 낯선 마을 사람들에게 물어보니 그런 산은 이곳에 없다고 한다.

有無 1

染料商 붉은 벽돌집
봄비에 젖어
색상표에도 없는 낯선 색깔을 낸다

아무도 눈여겨보지 않은 이 색깔
지붕에 벽에 잠시 머물다
슬며시 그 집을 떠난다

보일 듯 잡힐 듯 그 색깔 따라
눈이 좋은 비둘기는
鍾樂이 울리는
아지랑이 속으로 날아간다

날다 지쳐 마침내 되돌아온 비둘기
옆집 TV 안테나 위에 앉아
염료가 지저분한 벽돌집을 물끄러미 바라본다

有無 2

그것은 멀리 지평선 위로 희미하게 떠돌기도 하고 아주 가까이서 나의 주위를 맴돌기도 했다.
나비처럼 너풀너풀 날다가 어깨 위에 내려앉고, 살그머니 손을 뻗치면 다람쥐처럼 재빨리 달아나고, 숨을 헐떡이며 쫓아가면 어느새 나의 몸 속으로 스며들어 가슴을 답답하게 했다.

언젠가 그것이 내 곁에 온 것을 붙잡은 적이 있었다. 뱀처럼 차갑고 미끈미끈한 것이 손에서 빠져나가려고 꿈틀댔다. 씨름하듯 그것과 맞붙어 엎치락뒤치락했으나 끝내 놓쳐버리고 말았다. 그것은 몸통도 머리도 다리도 날개도 없고 또한 보이지도 않았기 때문이다.

그것은 자꾸만 나를 따라다녔고 나는 언제나 그것을 뒤쫓았다.
어쩌다 책방에서 마주치는 수도 있었지만 집어보면 그것은 한 권의 책일 뿐이었다. 때로는 시장이나 백화점에서 그것이 눈에 띄었으나 손에 잡힌 것은 생선이나 과일 또는 의복 따위였다. 한번은 그것이 단정한 중년의 사나이가 되어 걸어가는 것을 보고 따라갔는데 그는 평범한 보험회사 사원이었다. 밤에도 환하게 빛나는 곳이 있어 달려가 보았더니 거기에는 24시간 가동하는 중화학공장이 있었다.

우연히 처음 와보는 어느 골목길에서 마침내 나는 그것을 발견했다. 어디선가 많이 본 느낌이 드는 허름한 양옥집의 뒤쪽이었다. 반쯤 햇볕이 든 장독대 곁에 쓰다 버린 가구들이 널려져 있고 한 귀퉁이에 굴뚝이 비스듬히 서 있는 그것은 지저분한 풍경이었다.

골목길을 되돌아 나오며 나는 행인들과 자동차와 가로수와 담배 가게와 길가의 리어카에서 그것을 보고 놀랐다. 그것은 이 세상 어디에나 있는 모습 같았다.

그러나 손으로 붙잡으려면 그것은 여전히 아무 곳에도 없었다.

나

살펴보면 나는
나의 아버지의 아들이고
나의 아들의 아버지고
나의 형의 동생이고
나의 동생의 형이고
나의 아내의 남편이고
나의 누이의 오빠고
나의 아저씨의 조카고
나의 조카의 아저씨고
나의 선생의 제자고
나의 제자의 선생이고
나의 나라의 납세자고
나의 마을의 예비군이고
나의 친구의 친구고
나의 적의 적이고
나의 의사의 환자고
나의 단골술집의 손님이고
나의 개의 주인이고
나의 집의 가장이다.

그렇다면 나는
아들이고
아버지고
동생이고
형이고
남편이고
오빠고
조카고
아저씨고
제자고
선생이고
납세자고
예비군이고
친구고
적이고
환자고
손님이고
주인이고
가장이지

오직 하나뿐인
나는 아니다

과연
아무도 모르고 있는
나는
무엇인가
그리고
지금 여기 있는
나는
누구인가

미래

19시 30분 서울역 도착
기차 시각표에 적힌 그대로
세련된 상표 붙은 인형들 싣고
서둘러 특급 열차 달려간 뒤
초여름 들판에 빈 철로가 남는다

꼬불꼬불 밭둑길 논둑길 따라
타박타박 걸어가는 어린 여학생
하얀 블라우스와 까만 치마
훈풍이 스쳐가고
참으로 헤아릴 수 없는 그녀의 앞날
눈물에 얼비쳐 눈이 부시다

여름날

달리고 싶다
가시덤불 우거진 가파른 산비탈
기관총에 맞은 게릴라처럼
피를 뿜으며
구르고 싶다
풀에 맺힌 이슬로 혀끝 적시고
새가 되어 계곡 깊숙이
날아 내리고 싶다

넘어지고 싶다
몰려오는 파도에 채여
깎이지 않는 바닷가
한낮의 햇볕 아래 무릎 꿇고
마지막 땀방울까지
흘리고 싶다
바다 밑 깊은 골짜기에
그림자 드리우고
알몸으로 돌처럼
가라앉고 싶다

돌아가고 싶다
끈끈한 어둠의 숨결
무더운 수액 출렁이는 숲속으로
들어가 길을 잃고
헤매고 싶다
쓰러져
잦아들어
땅속을 흐르고 싶다

어느 志士의 傳記

관청에서는 그를 特異者라고 불렀다.

그는 어렸을 적부터 길바닥에 쓰러진 이교도를 보살펴 주었고, 젊었을 때는 교활하고 잔인한 강력범을 옹호했으며, 나이가 들자 불온한 모임에 드나들며 지하운동을 벌였다.

세상은 언제나 난세였다.

도저히 그는 편안하게 자고, 맛있게 먹고, 돈을 벌어 즐겁게 살 수가 없었고, 또 그래서는 안 된다고 믿었다.

언제나 몸보다 마음을 앞세운 그는 수많은 일화가 증명하듯 크고 높은 뜻을 지닌 인물이었다.

그러나 사형대에 올라가기 전에 聖者처럼 태연할 수 없었던 그는 담배 한 개비와 술 한 잔을 달라고 했단다.

그의 마지막 소원이 이뤄졌는지 나는 모른다.

다만 자기의 몸과 헤어지게 된 순간 그는 큰 소리로 만세를 부르는 대신 연약한 인간이 되어 떨었던 것이다.

그의 志士답지 못한 최후가 나를 가장 감동시킨다.

진혼가

애초부터 그는 없었던 것이 아닐까
새벽녘 바다와 마주 서서
흘러내리는 모래시계를 바라보며
때로는 건널목 신호등 앞에 잠시
걸음을 멈추고 생각했다
아니다
분명히 그는 있었다
창가에 걸린 그의 옷은 바람에 흔들리고
책상 위에 비스듬히 놓여 있는 안경
피우던 담배 다섯 개비 남았고
즐겨 마시던 술이 반 병쯤
눈빛 목소리 몸짓 떨쳐버리고
마침내 몸까지 남겨놓고
그는 떠나간 것일까
그를 보내고 우리가 남은 것일까
아니다
신발을 벗어놓고
그는 갑자기 안으로 들어갔다
기억 속으로 들어가 버렸다

우리는 그러면 밖에 있는 것일까
밖에서 서성거리며 그를 찾는 것일까
그럴 필요는 없다
이제 아무것도 그를 가리지 못하고
우리를 숨기지 못한다
가장 뚜렷한 모습으로
그는 저 안에 있는 것이다
그를 생각하지 말고
그를 보라

묘비명

한 줄의 시는커녕
단 한 권의 소설도 읽은 바 없이
그는 한평생을 행복하게 살며
많은 돈을 벌었고
높은 자리에 올라
이처럼 훌륭한 비석을 남겼다
그리고 어느 유명한 문인이
그를 기리는 묘비명을 여기에 썼다
비록 이 세상이 잿더미가 된다 해도
불의 뜨거움 꿋꿋이 견디며
이 묘비는 살아 남아
귀중한 史料가 될 것이니
역사는 도대체 무엇을 기록하며
시인은 어디에 무덤을 남길 것이냐

고향

등이 굽은 물고기들
한강에 산다
등이 굽은 새끼들 낳고
숨막혀 헐떡이며 그래도
서울의 시궁창 떠나지 못한다
바다로 가지 않는다
떠나갈 수 없는 곳
그리고 이젠 돌아갈 수 없는 곳
고향은 그런 곳인가

봄노래

눈이 녹으면 산과 들
깊은 생각에 잠긴다

희미한 추억을 더듬는 들판
잡초들은 제 키를 되찾고
기억력이 좋은 미루나무
가지마다 꼭 같은 자리에
조심스레 나뭇잎들 돋아난다

진달래는 지난날 생각하며
얼굴 붉히고
산골짝에 풍기는 암내
시냇물은 싱싱한 욕정 흘리고
피임한 여자들은 예쁜
죽음의 아이를 낳는다

이윽고 깊은 생각에서 깨어나
산과 들 조금씩 자라고
남자들은 새로운 아파트를 지으며
고향에서 그만큼 멀어진다

저녁 길

날 생각을 버린 지는 이미 오래다

요즘은 달리려 하지도 않는다
걷기조차 싫어 타려고 한다
(우리는 주로 버스나 전철에 실려 다니는데)
타면 모두들 앉으려 한다
앉아서 졸며 기대려 한다
피곤해서가 아니다
돈벌이가 끝날 때마다
머리는 퇴화하고
온몸엔 비늘이 돋고
피는 식어버리기 때문이다
그래도 눈을 반쯤 감은 채
익숙한 발걸음은 집으로 간다

우리는 매일 저녁 집으로 돌아간다
파충류처럼 늪으로 돌아간다

물의 소리

해초처럼 흐느적거리는
산과 들과 나무와 하늘 사이로
보라 황막한 땅 위의 풍경을

안타깝게 날개를 퍼덕이며 새들은 날고
네 발로 거북하게 짐승들은 달리고
바퀴를 굴려 가는 자동차와
바람 속을 떠다니는 비행기들
사람들은 위태롭게 두 발로 걸으며

끝없는 갈증을 술로 빚어 마시고
물을 모방하여 神을 만들고
석유를 파내어 물을 배반하고
낮에는 살을 움직여 얼굴로 웃고
밤에는 둘씩 만나 어색한 장난을 하고
더럽혀진 몸뚱이를 다시 물로 씻는다

버림받은 금속의 종족들이여
물기 없는 시간의 불을 피우고

썩어가는 손끝에 침 빌라 돈을 세며
평생을 그 곁에서 불충족하라
더욱 많은 죽음을 괴로워하라
물의 축복은 베풀어지지 않는다

물오리

수직이 아니면서도
가장 곧게 자라는 나무
전기를 일으키지 않는
그 위안의 나뭇가지에
결코 앉지 않는
거룩한 새
오리는 눕거나 일어서지 않는다
겨울 강 물 위를 부드럽게 떠돌며
단순한 몸짓 되풀이할 뿐
복잡한 아무 관습도 익히지 않는다
눈 덮인 얼음 속에 가끔
물의 발자국 남기고
지진이 나면 돌개바람 타고
하늘로 날아 오르며
죽음의 땅 위에 화석이 될
마지막 그림자 던지는
완벽한 새
오리가 날아왔다가
되돌아가는 곳

그곳으로부터 나는 너무 멀어졌다
기차를 타고 대륙을 횡단하고
비행기로 바다를 건너
나는 아무래도 너무 멀리 와
이제는 아득한 지평을 넘어
되돌아갈 수 없게 되었다
계절이 바뀔 때마다
무심하게 날개치며 돌아가는
오리는 얼마나 행복하랴
그곳으로 돌아가기 위해 나는
애써 배운 모든 언어를
괴롭게 신음하며 잊어야 한다
얻을 때보다 훨씬 힘들게
모든 지식을 하나씩 잃어야 한다
일어서도 또 일어서고 싶고
누워도 또 눕고 싶은
안타까운 몸부림도 헛되이
마침내는 혼자서 떠나야 할 것이다
날다가 죽어 털썩 떨어지는

오리는 얼마나 부러운 삶이랴
살아서 돌아갈 수 없는 곳
그 먼 곳을 유유히 넘나드는
축복받은 새
나는 때때로 오리가 되고 싶다

오늘

교회당의 차임벨 소리 우렁차게 울리면
나는 일어나 창문을 열고
상쾌하게 심호흡한다
새벽의 대기 속에 풍겨오는
배기 가스의 향긋한 납 냄새
건강은 어차피 하느님의 섭리인 것을
수은처럼 하얀 콩나물국에 밥 말아 먹고
만원 버스에 실려 직장으로 가며
나는 언제나 오늘만을 사랑한다
오늘은 주택은행에 월부금을 내는 날

아침 아홉시 계기들의
따가운 시선을 느끼며 나는
매일 자라는 쇠 앞에 선다
문득 쇠 속에서 들려오는 귀뚜라미 소리
개구리 우는 소리
결코 잘못을 모르는 쇠가
나를 때때로 죄인으로 만든다
안전 제일로 살아온 사십 평생을

어떻게 뉘우쳐야 할까
참회한다 나는 기도해야 한다

핏발 선 눈에 두툼한 안경을 쓰고
오늘도 나는 쓰레기통을 뒤진다
담배꽁초와 구겨진 낙서
찌그러진 깡통 속에 들어 있을
음모를 찾기 위해
온종일 쓰레기통을 샅샅이 뒤진다
마침내 아무것도 발견하지 못하면
나의 마음은 더욱 불안해진다
음모가 없는 세상은 믿을 수 없는 것

연리 10%에 상환 기간 15년
원가 계산에 골몰하며 하루를 보내고
저녁때 나는 친구들을 만난다
오늘을 이기고 진 영리한 사내들이 모여
취하지 않기 위해 술 마시고
말하지 않기 위해 떠들어대고

통금 시간에 쫓겨 집으로 돌아오는 길
골목길 전봇대 옆에 먹은 것을 토하고
잠깐 소주처럼 맑은 눈물 흘리며
뿌옇게 빛나는 별을 바라본다

나무 없는 마을에 텔레비전이 끝나면
우리들은 저마다 개들에게 집을 맡기고
씩씩하게 코를 골며 남의 잠을 잔다
안타까운 몸짓으로 낮의 꿈을 꾼다
── 성난 표정이라도 좋다
노예들아 너희들의 얼굴을 보여다오
욕설이라도 좋다
노예들아 너희들의 목소리를 들려다오
그리고 한 번만이라도 생각해 봐라
너희들의 주인이 누구인가를 ──
꿈속에 들려오는 귀에 익은 소리를
우리들은 잠에서 깰 때마다 잊는다

도다리를 먹으며

일찍부터 우리는 믿어왔다
우리가 하느님과 비슷하거나
하느님이 우리를 닮았으리라고

말하고 싶은 입과 가리고 싶은 성기의
왼쪽과 오른쪽 또는 오른쪽과 왼쪽에
눈과 귀와 팔과 다리를 하나씩 나누어 가진
우리는 언제나 왼쪽과 오른쪽을 견주어
저울과 바퀴를 만들고 벽을 쌓았다

나누지 않고는 견딜 수 없어
자유롭게 널려진 산과 들과 바다를
오른쪽과 왼쪽으로 나누고

우리의 몸과 똑같은 모양으로
인형과 훈장과 무기를 만들고
우리의 머리를 흉내내어
교회와 관청과 학교를 세웠다
마침내는 소리와 빛과 별까지도

왼쪽과 오른쪽으로 나누고

이제는 우리의 머리와 몸을 나누는 수밖에 없어
생선회를 안주삼아 술을 마신다
우리의 모습이 너무나 낯설어
온몸을 푸들푸들 떨고 있는
도다리의 몸뚱이를 산 채로 뜯어먹으며
묘하게도 두 눈이 오른쪽에 몰려 붙었다고 웃지만

아직도 우리는 모르고 있다
오른쪽과 왼쪽 또는 왼쪽과 오른쪽으로
결코 나눌 수 없는
도다리가 도대체 무엇을 닮았는지를

희미한 옛사랑의 그림자

4·19가 나던 해 세밑
우리는 오후 다섯시에 만나
반갑게 악수를 나누고
불도 없이 차가운 방에 앉아
하얀 입김 뿜으며
열띤 토론을 벌였다
어리석게도 우리는 무엇인가를
정치와는 전혀 관계없는 무엇인가를
위해서 살리라 믿었던 것이다
결론 없는 모임을 끝낸 밤
혜화동 로터리에서 대포를 마시며
사랑과 아르바이트와 병역 문제 때문에
우리는 때묻지 않은 고민을 했고
아무도 귀 기울이지 않는 노래를
누구도 흉내낼 수 없는 노래를
저마다 목청껏 불렀다
돈을 받지 않고 부르는 노래는
겨울밤 하늘로 올라가
별똥별이 되어 떨어졌다

그로부터 18년 오랜만에
우리는 모두 무엇인가 되어
혁명이 두려운 기성 세대가 되어
넥타이를 매고 다시 모였다
회비를 만 원씩 걷고
처자식들의 안부를 나누고
월급이 얼마인가 서로 물었다
치솟는 물가를 걱정하며
즐겁게 세상을 개탄하고
익숙하게 목소리를 낮추어
떠도는 이야기를 주고받았다
모두가 살기 위해 살고 있었다
아무도 이젠 노래를 부르지 않았다
적잖은 술과 비싼 안주를 남긴 채
우리는 달라진 전화 번호를 적고 헤어졌다
몇이서는 포커를 하러 갔고
몇이서는 춤을 추러 갔고
몇이서는 허전하게 동숭동 길을 걸었다
돌돌 말은 달력을 소중하게 옆에 끼고

오랜 방황 끝에 되돌아온 곳
우리의 옛사랑이 피 흘린 곳에
낯선 건물들 수상하게 들어섰고
플라타너스 가로수들은 여전히 제자리에 서서
아직도 남아 있는 몇 개의 마른 잎 흔들며
우리의 고개를 떨구게 했다
부끄럽지 않은가
부끄럽지 않은가
바람의 속삭임 귓전으로 흘리며
우리는 짐짓 중년기의 건강을 이야기했고
또 한 발짝 깊숙이 늪으로 발을 옮겼다

안개의 나라

언제나 안개가 짙은
안개의 나라에는
아무 일도 일어나지 않는다
어떤 일이 일어나도
안개 때문에
아무것도 보이지 않으므로
안개 속에 사노라면
안개에 익숙해져
아무것도 보려고 하지 않는다
안개의 나라에서는 그러므로
보려고 하지 말고
들어야 한다
듣지 않으면 살 수 없으므로
귀는 자꾸 커진다
하얀 안개의 귀를 가진 토끼 같은 사람들이
안개의 나라에 산다

유령

쉿!

어둠 속에 달려가는
저 새카만 자동차를 보라
담배를 피우며 골목으로 사라지는
저 평복의 사나이를 보라
황폐한 땅 위에 번지는 기름 자국을
거리마다 널려진 쇳조각들을 보라

유령의 모습을 보지 못하는
당신들은 장님이다

숨쉴 때마다 가슴으로 스며들어
마침내는 우리를 질식시켜 버릴 듯
흩날리는 먼지와 시멘트 가루 속에

유령의 소리를 듣지 못하는
당신들은 귀머거리다

어느 깊은 물 속엔가 가라앉아 썩고 있는
저 시체들의 소리를 들어보라
굴뚝마다 피어올라 하늘을 가득 채우는
저 부서지는 몸뚱이의 소리를 들어보라
꽉 다문 입에서 끝내 나오지 않는 신음소리를
 나무 한 그루 없는 모래 벌판에 울려오는 저 구령소리
를 들어보라

 쉿!

대화 연습

(안개의 나라에서 나는 많은 사람들과 친하게 지내고 싶었다. 그리고 물건을 살 때는 값을 깎아서 싸게 사고 싶었다. 그러나 나의 말은 전혀 통하지 않았다. 다음과 같은 대화의 기본 문형을 몰랐기 때문이다.)

아니다
그렇지 않다
나는 반대한다

네
그렇습니다
저는 찬성합니다

물론이다
너는 언제나 찬성해야 한다
나를 반대하는 것은 있을 수 없다
너의 사전에는 반대란 말이 존재하지 않고
나의 사전에는 찬성이란 말이 존재하지 않는다

그러므로 우리는 같은 말을 쓰지만
우리의 사전은 서로 다릅니다
앞으로 더욱 주의하여
반대하시기 전에 찬성하도록 하겠습니다

생각의 사이

시인은 오로지 시만을 생각하고
정치가는 오로지 정치만을 생각하고
경제인은 오로지 경제만을 생각하고
근로자는 오로지 노동만을 생각하고
법관은 오로지 법만을 생각하고
군인은 오로지 전쟁만을 생각하고
기사는 오로지 공장만을 생각하고
농민은 오로지 농사만을 생각하고
관리는 오로지 관청만을 생각하고
학자는 오로지 학문만을 생각한다면

이 세상이 낙원이 될 것 같지만 사실은

시와 정치의 사이
정치와 경제의 사이
경제와 노동의 사이
노동과 법의 사이
법과 전쟁의 사이
전쟁과 공장의 사이

공장과 농사의 사이
농사와 관청의 사이
관청과 학문의 사이를

생각하는 사람이 없으면 다만

휴지와
권력과
돈과
착취와
형무소와
폐허와
공해와
농약과
억압과
통계가

남을 뿐이다

歲時記

봄이 오면 그들은 깨어날 것이다
기지개를 켜며 일어나려 할 것이다
일어나지 못하게 하라
아침의 잠자리가 얼마나 달콤한지
그들로 하여금 알도록 하라

바위가 무질서하게 널려진 산은
보기 좋게 정리하고
재목으로 쓸 나무만 골라 심어
똑바로 자라게 하라

아카시아 숲을 지나며 가시에 찔려
상처마다 꽃내음을 지닌
초여름 바람으로 그들을 즐겁게 하라

한 달 내내 가문 유월의 햇빛으로
그들을 목마르게 하고
한 달 내내 쏟아지는 칠월의 장마비로
그들을 물에 잠기게 하라

꾸불꾸불 굽이치는 강물은
똑바로 흐르게 하고
제방 위의 아파트에서 태어난 아이에게는
이름 대신 번호를 붙이게 하라

산봉우리를 뒤덮으며
마을 뒤 소나무 숲으로 내려오는
늦가을 안개구름으로 그들을 겁나게 하라

겨울이 되면 그들은 추워할 것이다
온몸을 떨며 불 가로 다가오려 할 것이다
다가오지 못하게 하라
겨울이 가면 봄이 온다 말하고
그들로 하여금 겨울잠이 들도록 하라

작은 사내들

작아진다
자꾸만 작아진다
성장을 멈추기 전에 그들은 벌써 작아지기 시작했다
첫사랑을 알기 전에 이미 전쟁을 헤아리며 작아지기 시작했다
그들은 나이를 먹을수록 자꾸만 작아진다
하품을 하다가 뚝 그치며 작아지고
끔찍한 악몽에 몸서리치며 작아지고
노크 소리가 날 때마다 깜짝 놀라 작아지고
푸른 신호등 앞에서도 주춤하다 작아진다
그들은 어서 빨리 늙지 않음을 한탄하며 작아진다
얼굴 가리고 신문을 보며 세상이 너무나 평온하여 작아진다
넥타이를 매고 보기 좋게 일렬로 서서 작아지고
모두가 장사를 해 돈벌 생각을 하며 작아지고
들리지 않는 명령에 귀 기울이며 작아지고
제복처럼 같은 말을 되풀이하며 작아지고
보이지 않는 적과 싸우며 작아지고
수많은 모임을 갖고 박수를 치며 작아지고

권력의 점심을 얻어먹고 이를 쑤시며 작아지고
배가 나와 열심히 골프를 치며 작아지고
칵테일 파티에 가서 양주를 마시며 작아지고
이제는 너무 커진 아내를 안으며 작아진다

작아졌다
그들은 마침내 작아졌다
마당에서 추녀 끝으로 날으는 눈치 빠른 참새보다도 작아졌다
그들은 이제 마스크를 쓴 채 담배를 피울 줄 알고
우습지 않을 때 가장 크게 웃을 줄 알고
슬프지 않은 일도 진지하게 오랫동안 슬퍼할 줄 알고
기쁜 일은 깊숙이 숨겨둘 줄 알고
모든 분노를 적절하게 계산할 줄 알고
속마음을 이야기 않고 서로들 성난 눈초리로 바라볼 줄 알고
아무도 묻지 않는 의문은 생각하지 않을 줄 알고
미결감을 지날 때마다 자신의 다행함을 느낄 줄 알고
비가 오면 제각기 우산을 받고 골목길로 걸을 줄 알고

들판에서 춤추는 대신 술집에서 가성으로 노래 부를 줄 알고
사랑할 때도 비경제적인 기다란 애무를 절약할 줄 안다

그렇다
작아졌다
그들은 충분히 작아졌다
성명과 직업과 연령만 남고
그들은 이제 너무 작아져 보이지 않는다

그러므로 더 이상 작아질 수 없다

어린 게의 죽음

어미를 따라 잡힌
어린 게 한 마리

큰 게들이 새끼줄에 묶여
거품을 뿜으며 헛발질할 때
게장수의 구럭을 빠져 나와
옆으로 옆으로 아스팔트를 기어간다
개펄에서 숨바꼭질하던 시절
바다의 자유는 어디 있을까
눈을 세워 사방을 두리번거리다
달려오는 군용 트럭에 깔려
길바닥에 터져 죽는다

먼지 속에 썩어가는 어린 게의 시체
아무도 보지 않는 찬란한 빛

상행

가을 연기 자욱한 저녁 들판으로
상행 열차를 타고 평택을 지나갈 때
흔들리는 차창에서 너는
문득 낯선 얼굴을 발견할지도 모른다
그것이 너의 모습이라고 생각지 말아다오
오징어를 씹으며 화투판을 벌이는
낯익은 얼굴들이 네 곁에 있지 않으냐
황혼 속에 고함치는 원색의 지붕들과
잠자리처럼 파들거리는 TV 안테나들
흥미 있는 주간지를 보며
고개를 끄덕여다오
농약으로 질식한 풀벌레의 울음 같은
심야 방송이 잠든 뒤의 전파 소리 같은
듣기 힘든 소리에 귀 기울이지 말아다오
확성기마다 울려 나오는 힘찬 노래와
고속도로를 달려가는 자동차 소리는 얼마나 경쾌하냐
예부터 인생은 여행에 비유되었으니
맥주나 콜라를 마시며
즐거운 여행을 해다오

되도록 생각을 하지 말아다오
놀라울 때는 다만
「아!」라고 말해다오
보다 긴 말을 하고 싶으면 침묵해다오
침묵이 어색할 때는
오랫동안 가문 날씨에 관하여
아르헨티나의 축구 경기에 관하여
성장하는 GNP와 증권 시세에 관하여
이야기해다오
너를 위하여
그리고 나를 위하여

소액 주주의 기도

전지전능하신 하느님!

이미 알고 계시겠지만 얼마 전에 고층 건물이 하나 쓰러졌습니다.

강철과 시멘트로 지은 79층, 그 튼튼한 건물이 그처럼 갑자기 무너지리라고는 아무도 생각지 못했습니다. 저도 물론 예외는 아니었습니다. 어느 재벌의 소유인지는 몰라도 도심에 우뚝 솟은 그 빌딩은 멀리 떨어진 우리집에서 바라보아도 저것이 국력이거니 마음 든든했고, 언젠가 나도 주머니 사정이 허락하면 저 꼭대기 스카이라운지에 올라가 오렌지 주스라도 한 잔 마셔보리라 생각했었습니다. 그런데 어느 날 갑자기 이 고층 건물이 쓰러진 것입니다.

더구나 그 건물이 우리집 쪽을 향해 쓰러진 덕택으로 그 옥상에 설치되었던 용량 3,000t짜리 냉각탑이 멀리 날아와 우리집에 떨어지며 순식간에 저의 가족과 재산을 앗아가고 말았습니다. 너무나 놀라운 일이라 저는 슬퍼할 겨를도 없습니다. 믿을 수 없는 이 사실 앞에 저는 다만 갈피를 잡을 수가 없을 따름입니다.

아시다시피 저는 선량한 시민이자 모범적 가장으로 평

생을 살아왔습니다.
 저의 이력서 및 신원 조회 서류를 참조하면 아시겠지만 저는 여지껏 한 번도 이 사회의 법과 질서를 어긴 적이 없습니다. 어려서부터 부모님께 효도했고, 스승을 존경했고, 국방의 의무를 다했으며, 처자식을 사랑했고, 세금을 언제나 기일 내에 납부했고, 신앙 생활을 돈독히 했으며, 여유 있는 대로 저축을 했고, 우리나라에서도 석유가 쏟아져 나오기를 남달리 속으로 기원했습니다. 담배도 피우지 않고, 술도 마시지 않고, 여자를 가까이 하지 않으며, 요즘 와서는 커피까지 끊었습니다. 물론 거액의 방위 성금을 낼 처지는 못 되지만 그래도 육교를 오르내릴 때 계단에 엎드린 거지에게 10원짜리 한 개를 던지지 않고 지나간 적은 없습니다.
 그런데도 졸지에 가족과 재산을 잃은 저는 천벌을 받았음에 틀림없습니다. 하지만 저는 아직도 알 수가 없습니다. 제가 과연 무슨 천벌을 받을 죄를 지었습니까.
 하느님, 저에게 이성을 되돌려 주시어 저로 하여금 올바르게 생각할 힘을 주옵소서. 잃어버린 저의 가족과 재산을 정당하게 슬퍼할 능력을 저에게 주옵소서. 그리고 계속하여 약속된 미래, 낙원의 땅을 믿게 하여 주옵소서.
아멘.

늦깎이

우리는 우연히 형제로 태어나
병정놀이를 좋아하던 형은
훈장을 많이 탄 장군이 되었고
그림그리기를 좋아하던 나는
돌멩이에 페인트 칠하는 사병이 되었다
인생은 때로 그런 것이지
하지만 앞으로 달라질 거야
제대할 날짜를 손꼽아 기다리며
나는 그렇게 생각했었다
우리는 또한 남매로 태어나
인형처럼 똑똑하던 누나는
돈 많은 회장댁 사모님이 되었고
울기를 잘하던 나는
안경을 쓴 근로자가 되었다
인생은 참으로 알 수 없는 것이지
하지만 누구나 자기 길을 가는 거니까
오지 않는 버스를 기다리며
나는 그렇게 생각했다
우리는 결국 동포로 태어나

더러는 우리를 다스리는 관리가 되었고
개처럼 충실한 월급쟁이가 되었고
꽁치를 사 들고 가는 아주머니가 되었고
더러는 우리 손으로 지은 감옥에 갇혔다
언제나 달라지며 그대로 있는
역사는 어차피 이긴 사람의 편
그러나 진 쪽의 수효는 항상 더 많았지
이제 처음부터 다시 시작할 수는 없지만
이대로 끝내서는 안 되겠다고
나는 요즘서야 생각한다

2
1979년 가을 – 1983년 여름

오래된 물음

누가 그것을 모르랴
시간이 흐르면
꽃은 시들고
나뭇잎은 떨어지고
짐승처럼 늙어서
우리도 언젠가 죽는다
땅으로 돌아가고
하늘로 사라진다
그래도 살아갈수록 변함없는
세상은 오래된 물음으로
우리의 졸음을 깨우는구나
보아라
새롭고 놀랍고 아름답지 않으냐
쓰레기터의 라일락이 해마다
골목길 가득히 뿜어내는
깊은 향기
볼품 없는 밤송이 선인장이
깨어진 화분 한 귀퉁이에서
오랜 밤을 뒤척이다가 피워낸

밝은 꽃 한 송이
연못 속 시커먼 진흙에서 솟아오른
연꽃의 환한 모습
그리고
인간의 어두운 자궁에서 태어난
아기의 고운 미소는 우리를
더욱 당황하게 만들지 않느냐
맨발로 땅을 디딜까봐
우리는 아기들에게 억지로
신발을 신기고
손에 흙이 묻으면
더럽다고 털어준다
도대체
땅에 뿌리박지 않고
흙도 몸에 묻히지 않고
뛰놀며 자라는
아이들의 팽팽한 마음
튀어오르는 몸
그 샘솟는 힘은
어디서 오는 것이냐

조개의 깊이

결혼을 한 뒤 그녀는 한 번도 자기의 첫사랑을 고백하지 않았다. 그녀의 남편도 물론 자기의 비밀을 말해 본 적이 없다. 그렇잖아도 삶은 살아갈수록 커다란 환멸에 지나지 않았다. 환멸을 짐짓 감추기 위하여 그들은 헤아릴 수 없이 많은 말을 했지만, 끝내 하지 않은 말도 있었다.

환멸은 납가루처럼 몸 속에 쌓이고, 하지 못한 말은 가슴속에서 암세포로 굳어졌다.

환멸은 어쩔 수 없어도, 말은 언제나 하고 싶었다. 누구에겐가 마음속을 모두 털어놓고 싶었다. 아무도 기억해 주지 않는다면, 마음놓고 긴 이야기를 할 수도 있을 것 같았다.

때로는 다른 사람이 비슷한 말을 해주는 경우도 있었다. 책을 읽다가 그런 구절이 발견되면 반가워서 밑줄을 긋기도 했고, 말보다 더 분명한 음악에 귀를 기울이기도 했다. 그러나 끝까지 자기의 입은 조개처럼 다물고 있었다.

오랜 세월을 끝없는 환멸 속에서 살다가 끝끝내 자기

의 비밀을 간직한 채 그들은 죽었다. 그들이 침묵한 만큼 역사는 가려지고 진리는 숨겨진 셈이다. 그리하여 오늘도 우리는 그들의 삶을 되풀이하면서 그 감춰진 깊이를 가늠해 보고, 이 세상은 한 번쯤 살아볼 가치가 있다고 믿는다.

인왕산

한때 그 가슴에 호랑이를 기르고
한양 도읍 오백 년 산자락에 펼치고
서울의 슬픔과 기쁨
소꿉장난처럼 내려다보던
장엄한 인왕산
아득한 할아버지의 고향
어린 날 올라가고 싶었던
헌칠한 미끄럼바위의
믿음직한 얼굴 어디로 갔나
맑은 물 돌 사이로 흐르던
가파른 골짜기 소나무 숲에 오늘은
깨어진 유리 조각 비닐 봉지 나뒹굴고
석유 냄새 풍기는 잿빛 아지랑이
큰 산을 가리고 아른거린다
그 억센 지맥도 이제는
동서남북 아스팔트길로 모두 끊기고
8백만 인구의 한가운데 갇혀
머지않아 쓰러질 듯
가쁜 숨 헐떡인다

비쩍 마른 옆얼굴과
헐벗은 뒷모습 드러낸 채
종로구와 서대문구 변두리에 주저앉아
늘그막에 셋방살이를 하는
불쌍한 인왕산

수박

작년 여름에도 그랬었다
매연 자욱한 버스 정류장에서
테레사를 닮은 아주머니는 신문을 팔고
아이들은 고가도로 밑에서
런닝셔츠바람으로 자전거를 탄다
생선 냄새 비릿한 서울시장 입구
딸기아저씨 리어카에는
얼룩말이 낳은 알처럼
둥그런 수박들이 가득하다
골목길 막다른 집 홍제옥
과부댁은 자식들과 모여 앉아
커다란 수박을 단숨에 먹어치우고
다시 헛헛한 땀을 흘리며
개장국을 끓이기 시작한다
작년 이 무렵에도 그랬었다
새로운 여름은 오지 않고
밤에도 깊어지지 않고
변함없는 여름만 가버린다
네모난 수박이 나올 때까지

돌아갈 집도 없이
여름은 언제나 이럴 것인가

반달곰에게

하늘 아래 새로운 것이 어디 있으랴
창조도 하나의 결과에 지나지 않는다
태초에 원인이 있었고
뒤이어 결과가 따랐다
그 결과는 다시 원인이 되고
그 원인은 다시 결과를 낳았다
오래된 원인과 결과가
새로운 원인과 결과로 뒤바뀌며
마침내 오늘에 이른 것이다
그렇다면 어제는 오늘의 원인이고
오늘은 어제의 결과이며
오늘은 내일의 원인이고
내일은 오늘의 결과임에 틀림없다
원인과 결과를 끊으려는 미련한 곰아
새로운 원인을 오래된 결과라 부르고
오래된 결과를 새로운 원인이라 부르며
원인 없는 결과를 만들려 하지 마라
때로는 죽음도 하나의 원인이 되는 법이다
그리고 하늘 아래 새로운 것은 없다

늙은 마르크스

여보게 젊은 친구
역사란 그런 것이 아니라네
자네가 생각하듯 그렇게
변증법적으로 발전하는 것이 아니라네
문학도 그런 것이 아니라네
자네가 생각하듯 그렇게
논리적으로 변모하는 것이 아니라네
자네는 젊어
아직은 몰라도 되네
그러나 역사와 문학이 바로
그런 것이 아니라고 깨달을 때쯤
자네는 고쳐 살 수
없는 나이에 이를지도 모르지
여보게 젊은 친구
머릿속의 이데올로기는
가슴속의 사랑이 될 수 없다네
우리의 주장이 서로 달라도
제각기 자기 몫을 살아가는 것은
얼마나 다행한 일인가

그리고 이렇게 한 번 살고
죽어버린다는 것은 또
얼마나 아쉬운 일인가
우리는 죽어 과거가 되어도
역사는 언제나 현재로 남고
얽히고 설킨 그때의 삶을
문학은 정직하게 기록할 것이네
자기의 몸이 늙어가기 전에
여보게 젊은 친구
마음이 먼저 굳어지지 않도록
조심하게

바닷말

미역 냄새 싱싱하게
밀려오는 바닷가
해를 싣고 돌아온
고깃배 닻을 내리고
모래톱에 퍼지는 아침 햇살
밤새도록 바다를 건너와
파도는 섬세하게 부서지며
부드러운 몸짓 끝내고
강아지를 앞세운
어린이와 아낙네들
물을 차며 달려간다
갈매기는 끼룩대며 맴돌고
펄떡이는 도미와
꿈틀대는 장어들
해삼과 소라는 아직도
물속의 꿈에 젖어 있다
생선값이 얼마냐고 묻지 말고
물가에 널려진 바닷말을
우리의 몫으로 줍자

그리고 깊은 바다의 진주가
먼 도시로 팔려가기 전에
되돌려 주자
어부들에게 살아 있는 고기를
고기들에게 숨쉬는 바다를

어느 돌의 태어남

아무도 가본 적 없는
깊은 산골짜기에도
돌이 있을까
아득한 옛날부터
홀로 있는 돌을 찾아
산으로 갔다

길도 없이 가파른 비탈
늙은 소나무 밑에
돌이 있었다
이끼가 두둑이 덮인
이 돌은 도대체 얼마나
오랫동안
여기에
있었을까

2천 년일까 2만 년일까 2억 년일까

아니다

그렇지 않다
지금까지 아무도
본 적이 없다면 이 돌은
지금부터
여기에
있다

내가 처음 본 순간
이 돌은 비로소
태어난 것이다

450815의 행방

 오늘은 광복절, 공휴일이자 토요일, 유달리 더운 올 여름의 마지막 연휴입니다. 우리들은 다투어 도시를 떠나 물가로 달려가거나 산에 올라가 즐겁게 하루를 보낼 것입니다.
 당신과 함께 잊혀진 그 날은 언제던가요.

 힘차게 솟아오르는 아침해를 등지고 당신은 서쪽으로 먼 길을 떠났습니다. 우람한 그림자는 거인처럼 앞장 서 당신을 인도했지요.
 당신은 부지런히 걷고 숨가쁘게 뛰었습니다.
 한낮의 고개 위에 그림자를 밟고 서서 당신은 자랑스럽게 땀을 씻었지요. 정상에서 모든 시간이 멈출 수 있다면 우리들은 당신과 헤어지지 않았을 것입니다.
 서녘으로 비껴 가는 내리막길에 어느새 하나 둘 낙엽이 지고, 당신을 바짝 뒤쫓던 그림자도 힘을 잃고 늘어져 발걸음을 무겁게 했습니다.
 마침내 눈 덮인 들판의 저녁 노을이 몸을 적실 때, 그림자는 지쳐서 당신을 떠나버리고 당신은 혼자서 어둠의 나라로 들어섰습니다. 눈부신 어둠 속에 당신은 비로소

걸음을 멈춘 것입니다.

 산비둘기가 가끔 솔밭에서 울고 까치들이 내려앉아 깃털을 다듬는 무덤 곁에 당신은 온종일 무료하게 그림자도 없이 앉아 있었지요.
 때로는 빛바랜 혼령이 되어 박쥐가 날아다니는 꿈속에 나를 찾아오기도 했고.

 그날 갑자기 당신은 우리집 마당으로 들어섰습니다. 낯익은 허리띠를 매고, 조그만 아기가 되어 조그만 그림자를 이끌고, 해맑은 웃음을 지으며 내 앞에 나타났습니다.
 앞서간 당신은 누구였습니까. 이제 나를 뒤따라오는 당신은 누구입니까. 그리고 오늘은 언제인가요.

二代

관리들에게도
관복을 입히던 시절
중문 밖 행랑채에는
강 서방 내외가 살았다
어멈은 물을 긷고
아범은 인력거를 끌었다
주인집 일을 거들지만
밥은 따로 해 먹었다

학생들의 교복도
사라진 오늘
운전기사 강씨네는
차고에 딸린 두 칸짜리
연탄방에서 산다
마누라는 안집의 빨래를 해주지만
밥은 따로 해 먹는다
미스터 강은 메르체데스를 끌고

4월의 가로수

머리는 이미 오래전에 잘렸다
전깃줄에 닿지 않도록
올해는 팔다리까지 잘려
봄바람 불어도 움직일 수 없고
토르소처럼 몸통만 남아
숨막히게 답답하다
라일락 향기 짙어지면 지금도
그날의 기억 되살아나는데
늘어진 가지들 모두 잘린 채
줄지어 늘어서 있는
길가의 수양버들
새잎조차 피어날 수 없어
안타깝게 몸부림치다가
울음조차 터뜨릴 수 없어
몸통으로 잎이 돋는다

5월의 저녁

신록의 바람 타고
우울한 소식
어느 집에선가 들려오는
서투른 피아노 소리

바크하우스는 벌써 죽었고
루빈슈타인도 이미 늙었는데
어른들의 절망 아랑곳없이
바이에르 상권을 시작하는 아이들

신문지에 싸서 버릴 수 없는
희망 때문에
평온한 거리마다
부끄럽게 나리는 어둠

어떤 고백

나는 몰지각한 남자였는지도 모른다. 여자가 되고 싶었으니 말이다.

매일 수염을 깎아야 한다든지, 여름에도 긴바지를 입고 땀을 흘려야 한다든지, 나라를 지키면서 돈을 벌어야 한다든지 이런 것들이 싫어서가 아니었다.

아무나 사랑해도 안 되고, 아무나 싫어해도 안 되고, 그렇다고 가만히 있을 수도 없고, 이기지 못하면 지는 수밖에 없는 남자 노릇이 싫어졌기 때문이었다.

그러나 정작 여자가 되어 이 세상의 모든 남자들을 ──대학생, 부두 노동자, 농민, 막벌이꾼, 실직자, 경찰, 범죄자, 엔지니어, 선원, 고물장수, 군인, 정치가, 상인, 브로커 등을 가리지 않고 몸소 사랑하자 남자들은 나를 화냥년이라 불렀고, 여자들은 나에게 침을 뱉었다.

남자들의 관습과 여자들의 질서를 지키지 않은 죄로 하마터면 감옥에까지 끌려갈 뻔했다. 여자 노릇은 더욱 힘든 것 같았다.

이제는 남자도 아니고 여자도 아닌, 즉 사람이 아닌 무엇이 되고 싶었다.

그리하여 지난봄에 나는 한 마리의 개가 되었다. 네 발로 달리는 것이 두 발로 뛰는 것보다 훨씬 빠르다는 사실을 새삼 느낄 무렵, 계절은 여름으로 접어들었다.

사람들은 닥치는대로 개들을 잡아다 두들겨 죽이고 끓는 보신탕 솥에 집어 넣었다. 수많은 나의 동족들이 순전히 재수가 나빠 목숨을 잃었다.

이 길고 지긋지긋한 여름을 한 번 짖어보지도 못하고 숨어서 견뎌낸 것은 결코 나의 능력이 아니었다. 아직도 살아 있긴 하지만, 나는 이미 개다운 개도 못 된다.

보신탕을 먹지 않는 나라, 개들의 천국은 어디 있는가.

쓰레기 치는 사람들

당신들은 우리를 전혀 모른다
쓰레기 치고 받은 돈으로
눈 오는 날은 소주 한잔 걸치고
적금 들어 3년 뒤
리어카 한 대 사서
엿장수나 고물장수 차리는 줄 알지만
천만의 말씀이다
오래된 잡지나 헌 신문지
버리는 빈 병이나 쇠토막까지도
몇 푼의 강냉이로 바꿔 가고
저승의 골목길 지키고 서서
송장의 금니빨 노리는
그들과 우리는 전혀 다르다
세상의 모든 욕망 끝나버린 곳
돈이 죽어버린 쓰레기터에서
우리는 연탄재를 흙으로 돌려보낸다
주인 없는 신발짝과 피묻은 넝마
썩은 생선 가시와 찢어진 비닐 조각들
모두가 정답게 함께 어울려

바람에 흩날리고 비에 젖으며
고향으로 떠나가는 쓰레기터
이승의 마지막 벼랑에서
역겨운 땅 위의 냄새 모닥불로 태우는
우리는 그들과 전혀 다르다
엿장수나 고물장수 가위 소리에
한가한 봄날의 권태를 듣고
되도록 쓰레기터를 멀리 피하여
은행으로 가는
교회로 가는
당신들은 우리를 전혀 모른다

목발이 김씨

지하 5층
지상 30층
연건평 35,000평
서울빌딩 기초 공사 때
김씨는 막일을 했다
현기증 나는 비계를 오르내리며
자갈을 져 나르고
미장을 돕고
타일을 붙이고
창틀을 달았다
서울빌딩 주춧돌 밑에는
김씨의 고된 인생이 3년쯤
깔려 있고
하늘로 꼬여 올라간
아찔한 비상 계단 어디엔가
김씨의 잃어버린 왼쪽 다리
걸려 있다
안전모를 착용한 덕분에
그래도 목숨은 건져

반 년 만에 김씨가 목발 짚고
병원을 나왔을 때
우뚝 솟은 서울빌딩은
장안의 명물이 되었다
없는 것 없는 백화점과
잠을 자기에는 너무 아까운 호텔
사우나탕과 레스토랑과 금융회사 사무실들
어디서나 하얀 남자들이
재빠르게 계산기를 두드리고
암나사처럼 생긴 여자들이
껌을 짝짝 씹으며
지난 밤을 생각하고
시간도 돈으로 팔고 사는
그곳은 살아 있는 TV 화면이었다

발을 헛딛고
추락했던 그 자리
13층 비상 계단 입구는
어떻게 마무리되었는지

오직 그것이 보고 싶어 김씨는
다리를 절룩이며
옛날의 일터를 찾아갔다
용접공 이씨를 만나면
반가워 낮술 한잔
꺾을지도 모른다
그러나 서울빌딩 현관 앞에서
넥타이를 맨 수위가
그를 가로막았다
일 없는 사람은 들어갈 수 없다고
쓰레기를 쳐 가는 뒷문에서도
험상궂은 문지기가 길을 막았다
김씨는 돌아서서
어디로 가나

만나고 싶은

모두가 모르는 사람들이다
그러나 이상하게도 낯익은 얼굴들이다
내가 모르는 낯익은 사람들이 너무 많구나
우리가 처음 만난 곳은 어디였던가
병아리떼 모이를 쪼으던 유치원 마당이었던가
솜사탕을 사 먹던 시골 장터였던가
아카시아꽃 한창 핀 교정의 벤치였던가
불볕 아래 앉아 버티던 봉제 공장 옥상이었던가
눈물 흘리며 짐승처럼 쫓기던 봄날의 광장이었던가
술내기 바둑을 두던 숙직실 골방이었던가
간첩을 뒤쫓으며 헐떡이던 산마루였던가
친구를 기다리던 새벽의 구치소 앞이었던가
두부장수 지나가던 골목길 여관방이었던가
줄담배를 피우던 산부인과 복도였던가
마늘을 싣고 도부치던 아파트촌이었던가
부가가치세 신고를 하던 세무서였던가
민방위 교육을 받던 변두리 극장이었던가
흰 봉투를 건네주던 다방의 구석 자리였던가
비행기를 갈아타던 어느 공항 대합실이었던가

고인을 추모하며 밤새우던 초상집이었던가……
아니다
그렇지 않다
모두가 거짓된 기억 헛된 착각이다
우리는 부딪쳤을 뿐 한 번도 만나본 적이 없다
모두가 낯익은 얼굴들 모르는 사람들이다
내가 아는 낯선 사람들이 너무 적구나

야바위

동전은 다섯 개뿐
던지면
결과는 뻔하다
앞
아니면
뒤

그래도 속임수로
섞고
바꾸고
던지고
받고

순열과 조합 다 해봐도
달라질 수가 없어
돈을 대면
눈 깜짝할 사이에
물주가 먹어버린다

눈을 비비고
다시 보아도
동전은 다섯 개뿐
앞
아니면
뒤

달라진 것은 없다
누가 돈을 먹는가
그것밖에는

희망

희망이란 말도
엄격히 말하자면
외래어일까
비를 맞으며
밤중에 찾아온 친구와
절망의 이야기를 나누며
새삼 희망을 생각했다
절망한 사람을 위하여
희망은 있는 것이라고
그는 벤야민을 인용했고
나는 절망한다 그러므로
나에게는 희망이 있다고
데카르트를 흉내냈다
그러나 절망한 나머지
스스로 목숨을 끊은 그 유태인의
말은 틀린 것인지도 모른다
희망은 결코 절망한
사람을 위해서가 아니라
희망을 잃지 않은

사람을 위해서 있기 때문이다
그렇다면 희망에 관하여
쫓기는 유태인처럼
밤새워 이야기하는 우리는
이미 절망한 것일까 아니면
아직도 희망을 잃지 않은 것일까
통금이 해제될 무렵
충혈된 두 눈을 절망으로 빛내며
그는 어둠 속으로 사라졌다
그렇다 절망의 시간에도
희망은 언제나 앞에 있는 것
어디선가 이리로 오는 것이 아니라
누군가 우리에게 주는 것이 아니라
싸워서 얻고 지켜야 할
희망은
절대로
외래어가 아니다

누군가

누군가 종로의 버스 정류장을 없애버렸다

멀리서 호각을 불며 누군가
우리의 뒤로 다가오고 있다
우리의 이야기를 엿듣고
우리의 사랑을 엿보고
우리의 깊은 잠을 빼앗아갔다
단란한 가정을 사창굴처럼 뒤지고
애써 가꾼 꽃밭을 짓밟아버렸다
누군가 우리의 맑은 하늘을 더럽히고
우리의 푸른 마을에 철조망을 치고
우리의 넓은 바다에 폐유를 쏟아버렸다
우리의 진지한 모임을 방해하고
우리의 힘찬 발걸음을 가로막고
우리의 선량한 이웃을 잡아가고
누군가 우리의 등에 총을 겨누고 있다
눈을 가리고
입을 막고
목을 조이고

핏줄에 바람을 넣고
누군가 우리의 머릿속으로 들어와
큰골에 칼을 꽂고
씌어지지 않은 글을 읽고 있다
멀리서 북을 치며 누군가
우리를 막다른 골목으로 몰아넣고 있다

우리가 초대하지 않은 이 사람은 누군가

物神素描

그는 보통사람이 아니다
결코 평범한 사람이 아니다
보통사람보다 훨씬 너그럽고
평범한 사람보다 훨씬 잔인한 그는
괴로움을 참으며 짐짓
눈물을 감추는 연약한 사람이 아니다
달을 바라보며 지난날을 그리워하는
그런 사람이 아니다
가슴 조이는 관중들 앞에서
골키퍼처럼 날쌔게 볼을 잡아낸
그는 온종일 일하고
저녁때 퇴근하는 사람이 아니다
교통순경이 무서워 차선을 지키는
그런 사람이 아니다
쓸 만한 말들을 혼자서 골라 갖고
하얀 침묵의 항아리를 빚어낸 그는
말로 이야기하는 사람이 아니다
끝없이 밀려오는 파도를 바라보며
바다의 마음을 헤아리는

그런 사람이 아니다
믿을 수 있는 것은 오직 하나
어제의 나뿐이라 생각하며
새벽길을 달려가는 사람이 아니다
고개를 숙이고 말없이 따라가는
그런 사람이 아니다
거룩한 짐을 힘겹게 짊어지고
언제나 앞서가는 그는
결코 평범한 사람이 아니다
보통사람이 아니다
한 마디로 그는 사람이 아니다

태양력에 관한 견해

1년이 365일이라는 건
아무래도 너무 짧다
시작한 일을 계속하기엔
계속하던 일을 끝내기엔
아무래도 너무 짧다
내게 힘이 있다면
세월을 다스릴 힘이 있다면
오늘부터 당장 달력을 고쳐
3년에 한 번씩
새해가 오도록 하겠다

(새해를 맞이하여
한 사람은 위와 같이 생각했고
다른 사람들은 아래와 같이 생각했다)

1년이 365일이라는 건
아무래도 너무 길다
시작한 일을 계속하기엔
계속하던 일을 끝내기엔

아무래도 너무 길다
우리에게 뜻이 있다면
지구를 돌릴 뜻이 있다면
오늘부터 당장 힘을 합하여
1년에 세 번씩
새해가 오도록 할 수 있다
1년에 세 번씩
새봄이 오도록 할 수 있다

얼굴과 거울

울퉁불퉁한 거울을 들여다보면
눈이 턱 아래로 내려가고
코가 눈 위로 올라가고
귀가 머리 위로 뿔처럼 솟아오르고
드라큘라처럼 송곳니가 뻐드러져 나온다
우리의 얼굴이 정말로 그렇게 생겼는가
아니면 이것은 거울이 잘못된 때문인가

눈이 턱 아래 붙어 있고
코가 눈 위에 달려 있고
귀가 머리 위에 뿔처럼 솟아 있고
송곳니가 뻐드러져 나온 드라큘라가
울퉁불퉁한 거울을 들여다보면
아주 반듯한 사람의 모습이 된다
드라큘라의 얼굴이 정말로 그렇게 생겼는가
아니면 이것은 거울이 잘못된 때문인가

너무나도 보잘것없는 소원이지만
사람에겐 사람의 모습을

드라큘라에겐 드라큘라의 모습을
그대로 보여주는 거울을 갖고 싶다

잊혀진 친구들

 늦잠에서 깨어나 목욕하고 마시는 향긋한 커피 맛을 그들도 잘 안다.
 귀여운 꼬마들을 데리고 어린이 대공원에서 즐거운 일요일을 보낸 적도 있다.
 차가운 굴을 놓고 뜨거운 청주를 마시던 겨울 바닷가를 그들도 기억한다.
 그러나 이제는 안부도 물을 수 없는 곳에 가 있는 사람들이 그들 가운데 많다.

 어떤 친구는 용돈이 없어 담배를 끊었고, 어떤 친구는 홧김에 술만 더 늘었다.
 섣불리 사업에 손을 댄 그는 전셋집까지 홀랑 날리고, 지난 가을부터 강남의 어느 복덕방에 나간다고 한다. 바둑은 많이 늘었지만 먹고 살기가 어려운 모양이다.

 머리를 깎고 절에 들어가 중이 되려고 했다가 간첩 혐의로 몰려 혼이 난 친구도 있다.
 마누라가 선생 노릇을 하는 덕택에 아도르노를 번역하겠다고 집 속에 틀어박힌 그는 오랜만에 만나보니 맹꽁

이처럼 배가 나왔다.

 구두닦기를 하는 것도 그렇지만, 길가에 포장마차를 차리는 것도 보기와는 달리 아는 사람이 없으면 힘들단다.
 이발소를 냈다가 실패하고, 월부책을 팔다가 때려치우고, 택시를 몰다가 사고를 내고, 마지막으로 장의사를 개업하겠다고 벼르던 그 친구는 국민학교 4학년짜리를 남겨놓은 채 간장염으로 죽고 말았다.

 세상은 이성을 잃고 너무나 오랫동안 그들을 잊었다.
 그리고 손끝에서 피 한 방울만 나도 파상풍균을 생각하는 사람들이 남아서 신문에 난 아야톨라 호메이니의 사진을 들여다보고 이란의 앞날을 걱정한다.

三色旗

안개의 나라에서는 모두들
관리가 되려고 했다
관리가 되어 흑색 제복을 입고
권력을 갖고자 했다
마침내 모두들 관리가 되어버리자
세금을 낼 시민이 없었다
하는 수 없이 그들은
당직이나 숙직 근무를 하듯
윤번제로 시민 노릇을 하기로 했다

안개의 나라에서는 모두들
상인이 되려고 했다
상인이 되어 황색 제복을 입고
돈을 벌고자 했다
마침내 모두들 상인이 되어버리자
물건을 사갈 고객이 없었다
하는 수 없이 그들은
조합장이나 번영회장을 뽑듯
고객을 선출하기로 했다

안개의 나라에서는 모두들
군인이 되려고 했다
군인이 되어 녹색 제복을 입고
나라를 지키고자 했다
마침내 모두들 군인이 되어버리자
그들이 지켜줄 민간인이 없었다
하는 수 없이 그들은
불침번이나 초병 근무를 서듯
병력을 차출하여 민간인으로 복무하게 했다

(뒤늦게 깨달은 일이지만 이것은 안개의 나라를 표상하는 흑 황 녹 삼색기와 관련된 것이었다)

1981년 겨울

낮과 밤이 하나로
검은 땀 되어
숨가쁘게 흘러내리는
지하 300m
막장에서 갑자기
물줄기가 터졌다
쏟아져 나오는 죽탄
순식간에 갱도를 막아버린
시커먼 죽음
그 차가운 광물을
몸으로 밀어내며
하루 이틀 사흘
비상갱에서 겨우 목숨을
건졌을 때 비로소
시간이 다시 흐르고
목숨은 거듭 태어났다

힘겹게 견뎌온 우리의 삶을
1분도 멈출 수 없는

시뻘건 목숨을
낙서처럼 지워버린 그것은
결코 기계의 잘못이 아니다
컴퓨터에 자료를 넣은
그들의 잘못도 아니고
그들에게 지시한
그 사람의 잘못도 아니다
그 사람이 받은 명령은
아득히 먼 곳에서 왔다
어딘가 너무 멀어
보이지 않는 그곳은
우리의 머릿속에
가슴 속에
마음 속에도 있다

눈감고
귀 기울이면
가파른 산을 넘고
녹슨 철조망을 지나

우리를 찾아오는 바람 소리
육신을 잃고
휘파람으로 떠도는 말들이
허공을 할퀴며 달려들어
혀를 찌른다
거리마다 침묵의 구호들
시체처럼 널려 있고
상점마다 바겐세일의 깃발
만장처럼 펄럭이는데
자유를 자유라 부르며
사랑을 사랑이라 부르는
우리의 모국어는 어디 있는가

온종일 들려오던
호각 소리 멈추고
유리로 된 진열장이
모두 닫힌 밤
우리는 잠들지 않고
깨어 있었다

심장의 고동 헤아리며
앞으로 태어날 아이의
이름을 생각했다
동이 트면 또다시
어제의 옷을 입지만
이제는 쫓기며 뛰지 않겠다
안개 낀 새벽 길을
천천히 걸으며
잊었던 말들을 되살리고
몸 속에 퍼지는 암세포까지도
우리의 삶으로
받아들이겠다

나의 자식들에게

위험한 곳에는 아예 가지 말고
의심받을 짓은 안 하는 것이 좋다고
돌아가신 아버지는 늘 말씀하셨다
그 분의 말씀대로 집에만 있으면
양지바른 툇마루의 고양이처럼
나는 언제나 귀여운 자식이었다
평온하게 살아가는 사람
아무것도 하지 않는 사람
아무 흔적도 남기지 않는 사람
그 분의 말씀대로 살아간다면
인생이 힘들 것 무엇이랴 싶었지만
그렇게 살기도 쉬운 일이 아니다
수양이 부족한 탓일까
태풍이 부는 날은
집 안에 들어앉아
때묻은 책을 골라내고
옛날 일기장을 불태우고
아무것도 남기지 않기 위해
자꾸 찢어버린다

이래도 무엇인가 남을까
어느 날 갑자기 이 짓을 못 하게 되어도
누군가 나를 기억할까
어쩌면 그러기 전에 낯선 전화가
울려올지도 모른다
지진이 일어나는 날은
집에만 있는 것도 위험하고
아무 짓을 안 해도 의심받는다
조용히 사는 죄악을 피해
나는 자식들에게 이렇게 말하겠다
평온하게 살지 마라
무슨 짓인가 해라
아무리 부끄러운 흔적이라도
무엇인가 남겨라

아니다 그렇지 않다

굳어버린 껍질을 뚫고
따끔따끔 나뭇잎들 돋아나고
진달래꽃 피어나는 아픔
성난 함성이 되어
땅을 흔들던 날
앞장 서서 달려가던
그는 적선동에서 쓰러졌다
도시락과 사전이 불룩한
책가방을 옆에 낀 채
그 환한 웃음과
싱그러운 몸짓 빼앗기고
아스팔트에 쓰러져
끝내 일어나지 못했다
스무 살의 젊은 나이로
그는 헛되이 사라지고 말았는가

아니다
그렇지 않다
물러가라 외치던 그날부터

그는 영원히 젊은 사자가 되어
본관 앞 잔디밭에서
사납게 울부짖고
분수가 되어 하늘 높이 솟아오른다
살아 남은 동기생들이 멋쩍게
대학을 졸업하고 군대에 갔다 와서
결혼하고 자식 낳고 어느새
중년의 월급쟁이가 된 오늘도
그는 늙지 않는 대학
초년생으로 남아
부지런히 강의를 듣고
진지한 토론에 열중하고
날렵하게 볼을 쫓는다
굽힘 없이 진리를 따르는
자랑스런 후배
온몸으로 나라를 지키는
믿음직한 아들이 되어
우리의 잃어버린 이상을
새롭게 가꿔가는

그의 힘찬 모습을 보라

그렇다
적선동에서 쓰러진 그날부터
그는 끊임없이 다시 일어나
우리의 앞장을 서서
달려가고 있다

3
1983년 가을 – 1986년 봄

줄타기

보는 사람 없어도
장대를 들고 저마다
공중에서 줄을 탄다
수많은 줄들이 얽히고 섥켜
앞이 막히면 옆줄로 뛰고
쉴 때도 이리저리 옮겨 앉는다
줄과 줄 사이로
떨어지면
깊이 모를 어둠 속으로
사라져버린다
너무나 많은 줄들이 얽히고 섥켜
때로는 땅바닥처럼 든든한 것 같지만
한눈을 팔다가
헛디디면
거기서 끝장이다
떨어지지 않으려고
기우뚱거리는 몸을 가누며
저마다 아슬아슬하게
외줄을 탄다

손가락 한 개의

우연히 마주친 눈길이
나침처럼 한동안 떨렸다
열린 채 닫혀 있는 곳
팽팽하게 가득 채우며
끝없이 깊게 그러나
손가락 한 개의 길이로
겹쳤을 때
온 세상이 몸을 뚫고
뜨겁게 지나갔다
지나간 세상의 어느 곳엔가
가버린 시간의 언제쯤엔가
아슴푸레 눈길 멈추고
목 매달려
한동안 지났을 때
끝없이 멀리 그러나
손가락 한 개의 사이를 두고
땅에 닿을 듯 말 듯 두 발이
차갑게 늘어졌다

홰나무

밤마다 부엉새가 와서 울던 그 나무를 동네 사람들은 홰나무라고 불렀다.

홰나무는 우물가에 넓은 그림자를 던져주었다. 두레박이 없어지고, 펌프가 생기고, 뒤이어 공동 수도가 설치되었던 그 자리에 얼마 전에는 주유소가 들어섰지만, 홰나무는 오늘도 변함없이 그 자리에 서 있다.

6·25때는 홰나무 아래 폭격 맞은 군용 트럭의 잔해가 오랫동안 방치되어 있었다. 고철장수가 쓸 만한 부속품들을 뜯어간 뒤, 아이들의 장난감이 되어버린 그 커다란 쇳덩어리는 3년 가까이 시뻘겋게 녹이 슬다가 마침내 해체되어 사라졌다.

홰나무에도 파편이 몇 개 박혔는데, 그 쇳조각들은 차츰 녹아서 수액으로 흡수되고, 그 자리에 옹이가 생겨났다. 언제부터인지 거기에는 자연 보호 팻말이 붙어 있다.

홰나무를 바라보면 지금도 그 거대한 나무를 만지고 싶고, 그 나무에 기대고 싶고, 기어올라가고 싶고, 때로는 그 나무의 뿌리나 가지가 되고 싶어진다. 그리고 부리나케 걸음을 재촉하거나, 택시를 타고 그 앞을 지나갈 때면, 부끄러운 느낌이 든다.

왜냐하면 움직이는 것은 바로 저 홰나무이고, 예나 이제나 한자리에 서 있는 것은 정작 나 자신이라는 생각이 자꾸 떠오르기 때문이다.

옛 향로 앞에서

그때라고 지금과 달랐겠느냐
누구나 태깔 곱게 잘 빠진
예쁜 향로를 좋아하고
소중히 간직했을 것이다
하지만 800년이 흘러간 뒤
그때의 구름과 연꽃을 보여주는 것은
빼어나게 아름다웠던
청자상감 유개향로가 아니다
굽다가 터지고 일그러져
향불 한 번 못 피우고
어느 도공의 집 헛간에서
발길에 채이며 뒹굴었던
바로 이 못생긴 4각 향로 하나가
그 오랜 세월을 견디며
오늘까지 이 땅에 살아 남아
찌그러진 모습 속에
고려의 하늘을 담고 있구나

가을 하늘

구름 한 점 없이
파란 가을 하늘은
허전하다
땅을 덮은 것 하나도 없이
하늘을 가린 것 하나도 없이
쏟아지는 햇빛
불어오는 바람

하늘을 가로질러
낙엽이라도 한 잎 떨어질까봐
마음 조인다

얼마나 오랫동안
저렇게 견딜 수 있을까
명령을 받고
싹 쓸어버리기라도 한 듯
구름 한 점 없이
파란 가을 하늘은
두렵다

사오월

언제부터인가
4월은 해마다 오기만 하고
가지 않는다
진달래 개나리 곳곳에 피어나고
라일락 향기 깊어지면
찢어져 바랜 깃발 다시 펄럭이고
옛날에 다친 허리 뜨끔거린다
멍든 뼈 마디마디 쑤시고
말라붙은 검은 상처에서
피가 다시 흐른다
재발인가 아니면 부활인가
아카시아꽃 흐드러지게 피고
뻐꾸기 울음소리 구슬픈 날은
못자리 짙푸른 논둑길로
관을 든 여자들이 지나가고
숲속이나 길가의 쓰레기터에서
수의도 못 입은 시체들이 일어선다
잠들지 않고
썩지 않고

잊혀지지 않고
세월만 자꾸 쌓여간다
언제부터인가
5월은 해마다 오기만 하고
가지 않는다

매미가 없던 여름

감나무에서 노래하던 매미 한 마리
날아가다 갑자기 공중에서 멈추었다
아하 거미줄이 쳐 있었구나
추녀 끝에 숨어 있던 거미가
몸부림치는 매미를 단숨에 묶어버렸다
양심이나 이념 같은 것은
말할 나위도 없고
후회나 변명도 쓸데없었다
일곱 해 동안 다듬어온
매미의 아름다운 목청은
겨우 이레 만에
거미밥이 되고 말았다
그렇다 걸리면 그만이다
매미들은 노래를 멈추고
날지도 않았다
유달리 무덥고 긴 여름이었다

책노래

혁명이란 위험한 짓
금지된 장난이다
그러나 역사를 보라
일찍이 끔찍한 혁명이 없이
위대한 나라
새로운 시대가
탄생한 적 있는가

위대한 생각을
새로운 언어로
기록한 것이 훌륭한 책이라면
그것은 앞으로 역사를 이끌어갈
머리의 힘
마음의 꿈이다

그러나 혁명을 일으킨 자들은
언제나 혁명을 가장 두려워하고
천성이 책을 좋아하지 않아
훌륭한 책을 읽는 대신

금지할 책을 골라낸다

그리하여 책을 금지한 자들은
생각과 느낌마저 금지하고
〈책을 불태운 자들은
마침내 사람마저 불태우고〉
결국은 스스로 파멸한다
역사를 돌이켜보라
禁書와 焚書는 혁명보다는
위험한 장난 아닌가

이사장에게 묻는 말

가슴 가득히 훈장을 단 당신은
담배를 피우며 회고했다
「그것은 나의 잘못이 아니었다
전쟁터에서는 아군이 아니면 적군이다」
명령을 내리기 전에 당신이
파이프를 한 대 더 태웠더라면
오늘이 조금 달라졌을까

아침마다 승마를 하고
주말에는 골프를 치면서
요즘도 당신은 퇴역 사성 장군은
이 세상의 모든 사람을
적 아니면 동지라고
믿고 있는가

그렇다면 복덕방 김 영감은
적인가 동지인가
오너드라이버가 된 이 과장은
엘리베이터를 기다리는 미스 박은

도서관에 가득한 저 학생들은
과연 동지인가 적인가
공판장의 정 서방은
생산부의 최 기사는
거동이 수상한 저 청년들은
적인가 동지인가
거리에 정거장에 백화점에 넘치는
저 많은 사람들은
그리고 지금은 이사장이 된 당신 자신은
도대체 동지인가 적인가

새 문

일년에 한 번쯤 한 사람이
드나들기 위하여
저렇게 커다란 정문을
한가운데 만들어놓고
열두 명의 수위가 밤낮으로 지킨다
〈정문 사용 금지〉
보통사람은 절대로
드나들 수 없는
저 으리으리한 정문을 보아라
한 사람이 들어가기에는
너무 크게 열려 있고
다른 사람들에게는
언제나 닫혀 있다

열기 위해서가 아니라
닫기 위해서 있는
드나들기 위해서가 아니라
가로막기 위해서 있는
저것은 우리에게

문이 아니라
벽이다
우리를 가로막는
저 벽을
허물어뜨리자

아무도 밟지 못하게 하는
저 대리석 계단을
없애버리자
아무도 가까이 갈 수 없는
저 화강암 기둥을
뽑아버리자
아무도 드나들 수 없는
저 육중한 쇠문을
부숴버리자

그리하여 없애버리자
우리가 사용할 수 없는
저 큰 문을

없애버리고 차라리
거기에다 벽을
만들자
그리고 그 벽에다
새로 문을
만들자
누구나 드나들 수 있는
그런 문을 만들자

O씨의 직업

우리 동네 O씨는
직업이 무엇일까

집 앞에 유달리 환한
방범등이 달려 있을 뿐
출퇴근이 분명치 않고
길에서 만날 수도 없어
그의 신분을 알 수 없었다
어느 날 그러나 동네 입구에
〈O喪家〉라는 화살표가 나붙자
좁은 골목 가득히 검은색
관용차들이 몰려들었다
눈빛 날카로운 인물을 한 명씩 태운
고급 승용차들이 사흘 동안 꼬리를 물고
왔다가
곧 되돌아갔다
택시를 타고 오거나 걸어서
문상 오는 사람은 없었다
아 이제야 알겠다.
O씨의 직업이 무엇인지를

사랑니

귀찮은 것
빼어버리지
충치만 생기고
어금니를 괴롭히는
사랑니는 빼어버려
철이 들면 무엇해
씹지도 못하는 걸
(의사의 말은 언제나
의학적으로 옳다)
하지만 빼어버리는 것도
고치는 것일까
(겁 많은 환자에겐 으레
어리석은 고집이 있으니까)
잠 못 자게 괴롭히는
미운 이빨을 그래도
나는 버리지 않을 테야
비록 귀찮은 사랑니지만
내 몫의 아픔을 주는
내 몸의 일부인 것을

내가 아니면 누가
씹으며 지그시
참을 수 있겠어
간직할 수 있겠어

나무처럼 젊은이들도

동짓달에도 날씨가 며칠 푸근하면
철없는 개나리는 노란 얼굴 내민다
봄이 오면 꽃샘추위 아랑곳없이
진달래는 곳곳에 소담스럽게 피어난다
피어나는 꽃의 마음을
가냘프다고
억누를 수 있느냐
어두운 땅속으로 뻗어 나가는 뿌리의 힘을
보이지 않는다고
업신여길 수 있느냐
땅에 깊숙이 뿌리내리고
하늘로 피어오르는 꿈을
드높은 가지 끝에 품은
나무처럼 젊은이들도
힘차게 위로 솟아오르고
조용히 아래로 깊어지며
밝고 넓게 퍼져 나가기를
그러나 행여 잊지 말기를
아무리 높다란 나뭇가지 끝에서

저 들판 너머를 볼 수 있어도
뿌리는 언제나 땅속에 있고
지하수가 수액이 되어
남모르게 줄기 속을 흐르지 않으면
바람결에 멀리 향냄새 풍기는
아카시아도 라일락도
절대로 피어날 수 없음을

버스를 탄 사람들

책을 든 젊은이들에게서
최루탄 냄새가 난다
대학가를 지나갈 때면
버스를 탄 사람들은
눈을 비비고
재채기를 하고
콧물을 흘리면서도
아무 말 하지 않는다
그들도 옛날에 학교에 다녔다
병역을 필하고
세금을 납부하고
자식들을 기르면서
힘겹게 살아가는
그들은 평범한 시민들이다
젊은이들이 싫어하는 것을
그들도 좋아하지는 않는다
다만 사각형처럼 모난 꼴을
자연스럽게 여길 수 없는
그들은 때묻은 어른들일 뿐이다

구호를 외치고
돌을 던지고
최루탄을 쏘아대는 틈바구니로
입을 손수건으로 막은 채
버스를 타고 가는 사람들
그들은 실없는 구경꾼이나
무관심한 행인이 아니다
이름은 모르지만 낯익은
그들은 결국 누구인가

젊은 손수운전자에게

네가 벌써 자동차를 갖게 되었으니
친구들이 부러워할 만도 하다
운전을 배울 때는
어디든지 달려갈 수 있을
네가 대견스러웠다
면허증은 무엇이나 따두는 것이
좋다고 나도 여러 번 말했었지
이제 너는 차를 몰고 달려가는구나
철따라 달라지는 가로수를 보지 못하고
길가의 과일장수나 생선장수를 보지 못하고
아픈 애기를 업고 뛰어가는 여인을 보지 못하고
교통순경과 신호등을 살피면서
앞만 보고 달려가는구나
너의 눈은 빨라지고
너의 마음은 더욱 바빠졌다
앞으로 기름값이 또 오르고
매연이 눈앞을 가려도
너는 차를 두고
걸어다니려 하지 않을 테지

걷거나 뛰고
버스나 지하철을 타고 다니며
남들이 보내는 젊은 나이를 너는
시속 60km 이상으로 지나가고 있구나
네가 차를 몰고 달려가는 것을 보면
너무 가볍게 멀어져 가는 것 같아
나의 마음이 무거워진다

북한산 언덕길

북한산 언덕길을 올라가노라면
나무와 수풀 우거지고
산새들 우짖는 계곡에
우람한 저택들이 늘어서 있어
달력의 그림 속을 걷는 것 같다
커다란 개가 지키는
이 집들은 대개 문패가 없고
언제나 텅 비어 있다
주인들은 아마 온종일
장터에 나가 돈을 벌고
싸움터에서 피 흘리고
자기의 돈과 힘을 지키느라고
집에 올 시간조차 없는 모양이다
아깝다 비어 있는 큰 집들
집에서 일하는 사람들에겐
정작 이런 집이 없구나
집이라면 적어도
지붕은 눈비를 피하고
벽은 바람을 막아야 하는데

집에서 사는 사람들에겐
비바람을 제대로 막을 곳조차 없다
그래도 지붕에서 비가 샐 때는
양동이를 방바닥에 늘어놓고
한여름을 지내고
벽 틈으로 바람이 들어올 때는
옷을 껴입고
연탄 가스와 싸우며
한겨울을 난다
마당도 대문도 없을망정
지저분하고 냄새 나는 판잣집들
붐비는 골목길은 살아 있다
널찍하게 아스팔트로 포장된
북한산 언덕길을 올라가노라면
아무도 아름다운 경치 내다보지 않고
아무도 맑은 바람 숨쉬지 않고
아무도 새소리 물소리 듣지 않는
음산한 저택들이 늘어서 있어
죽음의 마을을 가는 것 같다

그때는

누가 모르겠는가
누구나 느끼고
누구나 겪은
그것을 누가 모르겠는가

모두가 알면서도 그때는
모르는 체했었다
아무도 말하지 못하고
아무도 쓰지 못한
그것을 이렇게
우리말로 이야기하고
우리글로 써서
남겼다

그것을 누가 모르겠는가
이제 와서 쉽게 말하지 말고
생각해 보라 당신은 그때
무엇을 했는가

봄길

한 달에 한 번씩
아버지 따라
돌우물 할머니 산소에
성묘 가던 길

봄 가뭄에
진흙먼지 날리는
삼십 리 길을
고무신 신고
타박타박 걷노라면
그림자 밟힐 때쯤
풀무골에 닿았지

소달구지 지나가는
객줏집 마루에 걸터앉아
잠깐 다리를 쉬며
아버지는 막걸리를 들고
나는 감주를 마셨지

길섶의 종달새
포르륵 머리 스치며
아지랑이처럼 나른한
졸음을 노래하던 곳

꼬리 물고 떠오르는
온갖 기억 덧없어
오늘은 가족과 함께
자동차를 타고 달려가는
아스팔트길

뼈

내 몸을 버텨주는 뼈를
엑스레이 필름에서 보았을 때
그것은 전혀 내 것 같지 않았다
부러진 갈비뼈는 결코
스테인리스 강철이나
플라스틱이 아니고
또한 하느님이 내려주신
영혼의 재목도 아니었다

멸치와 양미리 가루가
몇십 년을 쌓이며
굳어져 자란 뼈를
나는 본 적도 없으면서
너무도 믿어온 것 같다
가루가 모여
굳어진 것은 모두
언젠가 금이 가고 부러지고 부서져
결국 가루가 된다

내 몸을 버텨주는 뼈도
마침내 가루로 돌아가
눈발처럼 허공에 흩날리다가
어딘가 다시 쌓일 것이다
부러진 갈비뼈도
언젠가 내 것이 아닌
먼지로 여기저기 떠돌면서
나의 아픔을 전혀
기억하지 못할 것이다

뼈는 부러져 나를 떠나고
붐비는 시장과 거리에도
오래 머무는 사람은 없다
모두 서둘러 지나가 버리고
앙상하게 가지만 남은
가로수 사이로
누구의 것도 아닌
바람이 불어온다

心電圖

가을 바람을 타고
잠자리들 날아오른다
나뭇잎들 떨어져도
돌아갈 곳 없는
텃새들의 자지러진 울음소리
서리가 내리고
날이 일찍 저문다
눈발이 흩날릴 때쯤
철새들의 노래도 그치고
겨울 산은 한밤이 되어
어둡다 답답하다
땅은 깊이 잠들어
해가 떠도 깨어나지 않는다

텃새들의 수다스런 지저귐이
다시 꽃을 피우면
산비둘기 울 때마다
마을이 조금씩 밝아지고
뻐꾸기와 꾀꼬리 노래할 때는

산이 온통 환해진다
쓰르라미와 풀벌레 소리
물처럼 쏟아지는
여름날 한낮이 되면
나무들의 힘찬 맥박에
땅이 두근거리고
가물거리는 기억 속으로
어제 본 나비가 날아온다

낯익은 구두

1301호 문 앞에 오늘은
구두가 한 켤레 놓여 있다
뒤축이 비뚜로 닳고
허옇게 코가 벗겨진
저 낡은 구두는 틀림없이
그가 신던 것이다
어쩌면 그는 젊었을 때
어렵게 농사를 지어
자식들을 키웠을지도 모른다
늙은 아내를 잃은 뒤
그는 억지로 시골을 떠나
아들 집으로 왔을 것이다
그리하여 뉴타운 고층 아파트 구석방에서
죄진 듯 말없이 살게 되었다
손주들은 냄새가 난다고 싫어하고
며느리는 빨래를 하기 귀찮아하고
아들은 바빠서 만날 수도 없었다
밤마다 텔레비전을 끝날 때까지 보았다
아침에는 뒷산에 올라가

지갑에 든 천 원짜리를 세어보고
농협 저금통장을 들여다보기도 했다
낮에는 13층 베란다에서
우리에 갇힌 여윈 동물처럼
아래를 내려다보았다
승강기에서 누군가 만나면
얼른 눈길을 돌리고
아무 말도 하지 않은 채 그는
이 아파트에서 열 달쯤 살았을 것이다
한 번도 인사를 나눈 적 없지만
낯익은 그의 구두가 오늘은
1301호 문 밖에 놓여 있다

효자동 친구

중년이 넘도록
홀어머니 모시고 이제는
머리칼 희끗희끗해진 저 친구

모친상 상장을 옷깃에 달고
쇼핑하러 나와 오늘은
아내와 둘이서
넥타이를 고르고 있구나

저 친구 내외가 결혼한 뒤로
저렇게 홀가분한 모습
환한 얼굴은 처음 본다

늙은 소나무

새마을 회관 앞마당에서
자연보호를 받고 있는
늙은 소나무
시원한 그림자 드리우고
바람의 몸짓 보여주며
백여 년을 변함없이 너는
그 자리에 서 있었다
송진마저 말라버린 몸통을 보면
뿌리가 아플 때도 되었는데
너의 고달픔 짐작도 못 하고 회원들은
시멘트로 밑둥을 싸 바르고
주사까지 놓으면서
그냥 서 있으라고 한다
아무리 바람직하지 못하다 해도
늙음은 가장 자연스러운 일
오래간만에 털썩 주저앉아 너도
한 번 쉬고 싶을 것이다
쉬었다가 다시 일어나기에
몇백 년이 걸릴지 모르겠지만

너의 졸음을 누가 막을 수 있으랴
백여 년 동안 뜨고 있던
푸른 눈을 감으며
끝내 서서 잠드는구나
가지마다 붉게 시드는
늙은 소나무

그

아득한 옛 조상처럼 하얗게
늙은 그를 만나려면
물론 돈이나 빽으로는 안 된다
냉난방이 된 쾌적한 실내에서
편안한 의자에 앉아 기도하고
고운 목소리로 노래하면서
그의 곁에 갈 수는 없다
아무리 성능 좋은 자동차라도
달려갈 수 없는 곳에
그는 있기 때문이다

정말로 그를 만나려면
맨몸으로 걸어가는 수밖에 없다
전혀 포장이 되어 있지 않은
자갈밭이나 진흙길을 땀 흘리며
두 발로 걸어가야만 한다
발이 부르트면 길가에 주저앉고
절룩거리며 고개를 넘어
저녁 노을을 바라보다가

여울물 움켜 마시고
이정표도 없는 밤길을 한 발짝씩
무겁게 걸음 옮겨놓고
넘어지면 더듬더듬 기어가야만 한다

그리하여 그의 곁에 도달한다면
온갖 지식과 재산 쓸데없고
모든 노래와 기도 필요 없고
마침내 그를 만나 기뻐하는 대신
그가 누구인지도 모른 채
그의 곁에 쓰러져
다시는 일어날 수 없는
끝없는 잠에 빠질 것이다

크낙산의 마음

다시 태어날 수 없어
마음이 무거운 날은
편안한 집을 떠나
산으로 간다
크낙산 마루턱에 올라서면
세상은 온통 제멋대로
널려진 바위와 우거진 수풀
너울대는 굴참나무 잎 사이로
살쾡이 한 마리 지나가고
썩은 나무 등걸 위에서
햇볕 쪼이는 도마뱀
땅과 하늘을 집삼아
몸만 가지고 넉넉히 살아가는
저 숱한 나무와 짐승들
해마다 죽고 다시 태어나는
꽃과 벌레들이 부러워
호기롭게 야호 외쳐보지만
산에는 주인이 없어
나그네 목소리만 되돌아올 뿐

높은 봉우리에 올라가도
깊은 골짜기에 내려가도
산에는 아무런 중심이 없어
어디서나 멧새들 지저귀는 소리
여울에 섞여 흘러가고
짙푸른 숲의 냄새
서늘하게 피어오른다
나뭇가지에 사뿐히 내려앉을 수 없고
바위 틈에 엎드려 잠잘 수 없고
낙엽과 함께 썩어버릴 수 없어
산에서 살고 싶은 마음
남겨둔 채 떠난다 그리고
크낙산에서 돌아온 날은
이름 없는 작은 산이 되어
집에서 마을에서
다시 태어난다

〈영산〉에서 〈크낙산〉으로

김영무

1

 김광규는 자신의 글쓰기의 틀로서 아침에 시를 쓰는 버릇을 얘기한 바 있다. 이것은 물론 실제로 오전에 글을 쓰는 생리적 습관을 말하는 것이기도 하겠지만, 그의 시를 읽어보면 그것이 단순히 오전에 글쓰는 버릇을 밝히는 것이라기보다는 자신의 시세계의 특질을 은유적으로 암시한 말도 된다는 느낌이 든다. 아침 나절에 맑은 정신으로 또박또박 써 내려간 것 —— 그것이 바로 김광규의 시편들이다.
 열광이나 절망의 몸부림, 처절한 증오와 적개심, 또는 온 몸을 내던지는 순교자적 헌신, 이런 것들에 따르는 도취와 열광, 빛나는 이미지와 아찔한 통찰력 등으로 이루어진 시는 역시 은유적으로 말해서 한밤중이나 혹은 밤을 밝힌 새벽녘의 취기와 허기, 실의와 좌절 또는 흥분과 격정의 어느 소용돌이 속에 불현듯 맑아지는 정신의 순간에 솟아나는 것일 터이다. 그러나 김광규의 시는 적당한 수면과 아침밥을

거르지 않은 날 오전에 차분히 가라앉은 지속적인 맑은 의식의 상태에서 다듬어진 것들이다. 눈앞의 사물과 현실과 사람을 정신 바짝 차리고 똑똑히 보고 듣고, 그 보고 들은 바를 쉬운 말로 정확하게 논리적으로 차근차근 다스려 잡은 것 —— 그것이 김광규의 시들이다.

그는 처녀시집 『우리를 적시는 마지막 꿈』(1979)의 뒤표지에 적은 글에서 〈현실을 있는 그대로 보고 듣고 생각하고 말하는 것은 결코 유보할 수 없는 삶의 권리〉라고 얘기한다. 그에게서 이 권리를 유보하도록 의식과 욕망을 조작하고 통제하고 유혹하는 것이야말로 죽음의 손짓이기 때문에 삶의 올바름은 〈쾌적한 마취 상태〉가 아니라 〈깨어 있는 아픔〉에 긴밀히 연관된다. 그러니까 시인이 아침 나절 맑은 정신으로 또박또박 쓰는 시는, 한편으로는 조작되고 통제된 의식 및 욕망의 거처인 마취 상태의 온갖 정체를 밝히는 작업이며, 다른 한편으로는 이 몽환 상태에서 깨어나는 아픔 속으로 스스로를 또 독자를 초대하는 행위라 하겠다.

2

과연 김광규의 시작(詩作) 활동은 마취된 의식 및 욕망의 쾌적함을 떠나 깨어 있는 아픔의 세계로 발걸음을 옮겨 딛는 첫 출발을 얘기하는 것으로부터 시작된다. 1975년 등단 무렵의 초기 시들 가운데 「영산(靈山)」이 좋은 본보기이다.

내 어렸을 적 고향에는 신비로운 산이 하나 있었다.
아무도 올라가 본 적이 없는 靈山이었다.

영산은 낮에 보이지 않았다.
산허리까지 잠긴 짙은 안개와 그 위를 덮은 구름으로 하여 영산은 어렴풋이 그 있는 곳만을 짐작할 수 있을 뿐이었다.

영산은 밤에도 잘 보이지 않았다.
구름 없이 맑은 밤하늘 달빛 속에 또는 별빛 속에 거무스레 그 모습을 나타내는 수도 있지만 그 모양이 어떠하며 높이가 얼마나 되는지는 알 수 없었다.

내 마음을 떠나지 않는 영산이 불현듯 보고 싶어 고속버스를 타고 고향에 내려갔더니 이상하게도 영산은 온데 간데 없어지고 이미 낯선 마을 사람들에게 물어보니 그런 산은 이 곳에 없다고 한다.

——「영산」 전문

이 시는 우리가 흔히 어린 시절 및 고향 또는 본질적이고 순수한 그 무엇과 연결시켜 생각하는 이상과 꿈과 동경과 향수의 세계의 허구에서 깨어나는 맑은 정신의 탄생에 관계된 시로 일단 읽을 수 있다. 〈나〉의 느낌이나 생각을 절도 있게 다스려 아무런 내색도 없이 담담하게 이루어지는 이 진술을 읽으면서 우리는 〈나〉가 마음속 고향과 신비로운 산의 상실을 가슴아파하고 있는지 어떤지 헤아리기가 조심스럽다. 그러나 그 영산은 짙은 안개와 구름에 싸여 있어서 〈어렴풋이〉 위치만 〈짐작할 수 있을 뿐〉 밝은 대낮에도 보이지 않는다는 지적, 어두운 밤 별빛 또는 달빛 속에서 실체의 윤곽이 떠오르는 수가 있지만 모양이나 높이 따위는 알 수 없다는 지적, 또 〈아무도 올라가본 적이 없〉었다는 지적에 주목할 때, 이 시가 보여주는 것은 신비로운 산의 본질이자 동시에 영산의 신비에 도취해 있던 의식이 깨어남으로써 비로소 밝힐 수 있게 된 영산의 정체라 하겠다.

이제 깨어 있는 맑은 정신으로 현실과 사물에 새로이 눈 뜬 시인은 우리에게 고향이란 신비로운 산이 있는 이상화된 어떤 공간도, 고속버스만 타면 곧 갈 수 있는 정다운 어떤 시골도 아님을 안다. 〈등이 굽은 물고기들〉이 역시 〈등이 굽은 새끼들 낳고/숨막혀 헐떡이며〉 살아가는 〈시궁창〉, 이제는 〈떠나갈 수 없는 곳/그리고 이젠 돌아갈 수 없는 곳〉(「고향」), 그런 곳이 우리의 고향일 뿐이다. 김광규는 이 숨막히는 오염의 공간, 죽음의 시궁창에 사는 〈이미 낯선 마을 사람들〉의 뒤틀린 정신과 의식의 모습을 꼼꼼하게 기록하여 보여주는 일에 자신의 시의 많은 부분을 바치고 있다. 그는 오늘 우리 사회에서 왜소한 소시민으로 자꾸만 전락하는 우리의 자화상을 이렇게 인상적으로 보여준다.

> 넥타이를 매고 보기 좋게 일렬로 서서 작아지고
> 모두가 장사를 해 돈벌 생각을 하며 작아지고
> 들리지 않는 명령에 귀 기울이며 작아지고
> 제복처럼 같은 말을 되풀이하며 작아지고
> 보이지 않는 적과 싸우며 작아지고
> 수많은 모임을 갖고 박수를 치며 작아지고
> 권력의 점심을 얻어먹고 이를 쑤시며 작아지고
> 배가 나와 열심히 골프를 치며 작아지고
> 칵테일 파티에 가서 양주를 마시며 작아지고
> 이제는 너무 커진 아내를 안으며 작아진다
> ——「작은 사내들」 부분

우리는 모두 무엇인가 되어
혁명이 두려운 기성 세대가 되어
넥타이를 매고 다시 모였다
회비를 만 원씩 걷고
처자식들의 안부를 나누고
(중략)
적잖은 술과 비싼 안주를 남긴 채
우리는 달라진 전화 번호를 적고 헤어졌다
몇이서는 포커를 하러 갔고
몇이서는 춤을 추러 갔고
몇이서는 허전하게 동숭동 길을 걸었다
돌돌 말은 달력을 소중하게 옆에 끼고
　　　　　——「희미한 옛사랑의 그림자」부분

이제 너는 차를 몰고 달려가는구나
철따라 달라지는 가로수를 보지 못하고
길가의 과일장수나 생선장수를 보지 못하고
아픈 애기를 업고 뛰어가는 여인을 보지 못하고
교통순경과 신호등을 살피면서
앞만 보고 달려가는구나
너의 눈은 빨라졌고
너의 마음은 더욱 바빠졌다
　　　　　——「젊은 손수운전자에게」부분

　이런 작품들이 자꾸만 작아지는 우리들, 〈날을 생각을 버린 지〉 이미 오랜 파충류가 되어 매일 저녁 늦으로 돌아가듯 집으로 돌아가는(「저녁길」) 우리들의 정신의 모습을 명료하게 부각시켜 준다고 얘기했지만, 위에 뽑아본 시들이 잘 드러내듯이 김광규의 시가 주로 겨냥하고 있는 독자층 혹은 꼼꼼한 시적 분석의 대상은 일상적인 의미에서의 소시민 중산층이라 보아 무방할 듯하다. 1970년대 초반에 비평계에서 한 차례 소시민 논쟁이 있었고, 그때의 쟁점은 단순화시켜 얘기하자면 소시민 의식을 옹호할 것이냐 배격할 것이냐에 쏠려 있었다. 소시민 의식을 탓하지 않는 입장에서는 소시민 의식의 배격을 곧 낭만적인 소영웅주의로 몰아붙였고, 소시민 의식을 비판하는 쪽에서는 소시민 의식이야말로 타기해야 할 것인만큼 소시민이라는 현실적 계층 자체를 배격의 대상으로 매도하는 일에 급급한 감이 없지 않았다. 그 후로 시와 소설에서 민중이 으뜸 자리에 모셔지게 되면서 소시민 중산층은 진지한 문학에서 더욱 홀대받게 된다. 그리하여 우리 주위에는 노동자, 농민, 도시빈민의 고통과 절망과 좌절을 자신의 것으로 삼으면서 그들과 함께 아파하고 싸우고 노래하는 뛰어난 시인들이 상당히 생겨났다. 그런가 하면 세련된 말장난으로 민감한 감수성, 상상력의 자유 운운하면서 중산층 소시민의 끔찍한 이기주의와 현실 타협 성향과 철저한 속물 근성을 정당화하고 부추기는 시인들의 세력도 여전히 만만치 않다.

　냉정히 따져볼 때 이제 중산층 소시민은 우리 사회의 영향력 있는 현실적 세력을 이루고 있다. 그러나 쾌적한 마취 상태에 안주하고 있는 그들을 대화의 상대로 삼아 진지하게 말을 걸며, 그들의 의식과 욕망의 어떤 갈피에 어떻게 곰팡이가 끼었고 어떻게 좀이 쏠았는지 꼼꼼히 또 차근차근 일깨워 보여주는 가운데 그들의 각성과 의식화를 위해 노력하는 시인은 참으로 드물다. 이미 개종한 자기편 사람들을 열광시키기는 손쉬워도 편견과 고집으로 병들어 있는 의식을 끈기 있게 설득하여 바른 견해와 믿음으로 이끌기는 무척 힘든 일이다. 그래서 그런지 이런 작업에 힘을 쏟는 시인은 많지 않다. 바로 이런 공백을 훌륭히 메워주고 있는 것이 김광규의 시적 노력이거니와, 이런 값진 특징 하나만으로도 그의 시는 우리의 주목에 값한다. 소시민 중산층의 속물 근성과 이기주의와 아집을 사회 풍속의 디테일을 통해 구체적으로 파악하여 비판적으로 검토하는 것을 본령으로 삼는 문학 장르가 소설인바, 김광규의 시세계를 이루는 독특한 산문적·소설적 특징도 그가 본격적인 소설가와 공유하는 이런 핵심적 관심에서 연유하는 것이다. 그리고 김광규가 소시민 계층을 진지한 대화의 상대로 마다하지 않는 까닭이 있다면, 그것은 노동자, 농민, 도시빈민을 포함하는 우리 민족공동체 구성원 각자의 마음속에 소시민의 때묻은 모습이 많이 내면화되어 있음을 알기 때문일 터이다. 그들은 결국 우리 자신이 아닌가.

> 그들도 옛날에 학교에 다녔다
> 병역을 필하고
> 세금을 납부하고
> 자식들을 기르면서
> 힘겹게 살아가는
> 그들은 평범한 시민들이다
> 젊은이들이 싫어하는 것을
> 그들도 좋아하지는 않는다
> 다만 사각형처럼 모난 꼴을
> 자연스럽게 여길 수 없는

그들은 때묻은 어른들일 뿐이다
구호를 외치고
돌을 던지고
최루탄을 쏘아대는 틈바구니로
입을 손수건으로 막은 채
버스를 타고 가는 사람들
그들은 실없는 구경꾼이나
무관심한 행인이 아니다
이름은 모르지만 낯익은
그들은 결국 누구인가

─── 「버스를 탄 사람들」 부분

3

때묻은 어른이 된 우리들의 뒤틀린 자화상을 꼼꼼하게 그려 보여주는 데 탁월한 재능을 발휘한 김광규는, 또 이러한 정신의 왜곡과 마비를 강요하는 보다 크고 복잡한 현실의 기본 골격을 간결한 구도 속에 정확히 요약, 압축하여 제시하는 데도 뛰어난 솜씨를 나타낸다. 다만 소시민의 이기주의와 속물 근성에 대한 비판적 성찰이 소설적 구체 속에서 이루어지고 있는 것에 비해, 현실의 핵심 구도는 주로 우의적(寓意的) 표현을 통해 구체화되고 있다.

그가 우리에게 쉬운 말로 똑똑하게 전달하려고 노력하는 유신시대 이래 1980년대까지 계속되는 갑갑한 현실의 기본 구조는 「어린 게의 죽음」과 「매미가 없던 여름」, 또 「가을 하늘」이 암시하고 있듯이 무자비한 폭력의 구조이다.

감나무에서 노래하던 매미 한 마리
날아가다 갑자기 공중에서 멈추었다
아하 거미줄이 쳐 있었구나
추녀 끝에 숨어 있던 거미가
몸부림치는 매미를 단숨에 묶어버렸다
양심이나 이념 같은 것은
말할 나위도 없고
후회나 변명도 쓸데없었다
일곱 해 동안 다듬어온
매미의 아름다운 목청은
겨우 이레 만에
거미밥이 되고 말았다
그렇다 걸리면 그만이다
매미들은 노래를 멈추고
날지도 않았다
유달리 무덥고 긴 여름이었다
　　　　　　　　──「매미가 없던 여름」전문

　걸리기만 하면 모든 것이 끝장인 무자비한 폭력의 밀림지대──양심, 이념, 변명, 후회도 다 쓸데없고 기나긴 세월 동안 갈고 닦은 〈아름다운 목청〉도 단숨에 목 졸려버리는 공포의 현실로 변한 것이 우리가 살아가는 나라임을 이 시는 극적으로 보여준다. 이러한 폭력과 공포의 현장에서 가위 눌린 의식은 한국의 자랑인 파란 가을 하늘을 보고도 두려워서 마음을 조인다.

　명령을 받고

싹 쓸어버리기라도 한 듯
구름 한 점 없이
파란 가을 하늘은
두렵다
───「가을 하늘」부분

 그렇다면 〈발본색원〉, 〈일사불란〉의 으름장이 으스스한 이런 죽음의 질서는 누가 빚어놓은 것인가. 〈개펄에서 숨바꼭질하던 시절/바다의 자유〉가 그리워 〈게장수의 구럭을 빠져 나와〉 아스팔트를 기어가는 어린 게를 깔아 죽인 〈군용트럭〉(「어린 게의 죽음」)에 관계된 사람이 그 사람일 터이다. 그는 〈말로 이야기하는 사람이 아니다.〉 물론 법과 질서를 소중히 지키는 사람일 리 없다.

가슴 조이는 관중들 앞에서
골키퍼처럼 날쌔게 볼을 잡아낸
그는 온종일 일하고
저녁때 퇴근하는 사람이 아니다
교통순경이 무서워 차선을 지키는
그런 사람이 아니다
쓸 만한 말들을 혼자서 골라 갖고
하얀 침묵의 항아리를 빚어낸 그는
말로 이야기하는 사람이 아니다
(중략)
한 마디로 그는 사람이 아니다
───「物神素描」부분

또한 그 사람은 작품 「누군가」가 명시적으로 밝힌 대로 우리가 초대하지도 않았는데 불쑥 나와서 우리의 〈진지한 모임〉과 〈힘찬 발걸음〉을 가로막으며 〈선량한 이웃을 잡아가고〉 〈우리의 등에 총을 겨누〉는 사람이고 〈우리의 머릿속으로 들어와/큰골에 칼을 꽂고/씌어지지 않은 글을 읽〉는 사람이기도 하다. 〈호각을 불며〉 다가오는 이런 사람과 그 무리들이 빚어놓은 〈하얀 침묵의 항아리〉의 현실에서는 모든 진실과 진리의 언어들은 목 졸려 죽어가고 오직 상업주의적이고 속물적인 삶의 양태만이 번창할 뿐이다.

    거리마다 침묵의 구호들
    시체처럼 널려 있고
    상점마다 바겐세일의 깃발
    만장처럼 펄럭이는데
    자유를 자유라 부르며
    사랑을 사랑이라 부르는
    우리의 모국어는 어디 있는가
                        ——「1981년 겨울」 부분

그러나 시인은 이런 침묵과 죽음의 현실에서도 〈차가운 광물을/몸으로 밀어내며〉 비상갱에서 여러 날을 버티며 목숨을 부지하는 광부들처럼 결코 절망하지 않는다. 거기서도 깨어 있는 우리의 이런 이웃이 있기 때문이다.

    온종일 들려오던
    호각 소리 멈추고
    유리로 된 진열장이

모두 닫힌 밤
우리는 잠들지 않고
깨어 있었다
심장의 고동 헤아리며
앞으로 태어날 아이의
이름을 생각했다
동이 트면 또다시
어제의 옷을 입지만
이제는 쫓기며 뛰지 않겠다
안개 낀 새벽 길을
천천히 걸으며
잊었던 말들을 되살리고
몸 속에 퍼지는 암세포까지도
우리의 삶으로
받아들이겠다

―「1981년 겨울」부분

4

 시인이 어둠의 질곡에서도 절망 안 하고 〈몸 속에 퍼지는 암세포까지도/우리의 삶으로〉 받아들이며 내일 태어날 아이의 이름을 생각한다고 말할 때, 우리가 주목해야 할 한 가지 사실이 있다. 즉, 그가 부정적인 현실에서 희망을 버리지 않는 것은 그런 밀폐된 죽음의 현실에도 불구하고 꿋꿋이 버티는 자유로운 영혼이 있음을 알고 또 믿어서가 아니다. 모든 희망과 자유를 위한 싸움은 절망적인 어둠에도 불구하고 생기는 것이라기보다는 바로 그 어둠 속에서 어쩌면 그 어둠 때문에 솟아나는 것임을 시인은 안다. 희망은 절망에도 불구하고 〈어디선가 이리로 오는 것이 아니라/누군가 우리에게 주는 것이 아니라〉 절망 속에서 그 절망 때문에 〈싸워서 얻고 지켜야 할〉 것인 것이다(「희망」).

삼라만상은 시간이 흐르면 모두 시들고 죽는다. 사람도 마찬가지다. 우리도 〈짐승처럼 늙어서〉 죽는다. 이와 같이 〈살아갈수록 변함없는〉 것이 우리의 세상이요 삶이다. 그런데 「오래된 물음」이 지적하고 있듯이 늘 변함없는 우리의 삶은 죽음을 향한 진행 속에서 거듭거듭 황홀한 아름다움을 창조해 냄으로써 몽롱한 졸음에 빠지려는 우리를 흔들어 깨운다.

> 보아라
> 새롭고 놀랍고 아름답지 않으냐
> 쓰레기터의 라일락이 해마다
> 골목길 가득히 뿜어내는
> 깊은 향기
> 볼품 없는 밤송이 선인장이
> 깨어진 화분 한 귀퉁이에서
> 오랜 밤을 뒤척이다 피워낸
> 밝은 꽃 한 송이

이 아름다움, 이 향기, 이 꽃은 어디서 오는 것인가. 라일락이 놀랍고 새롭고 더더욱 향기 깊은 것은 그것이 쓰레기에서 피어난 것이기 때문일 터이다.

그리고
인간의 어두운 자궁에서 태어난
아기의 고운 미소는 우리를
더욱 당황하게 만들지 않느냐

행여나 넘어질세라 흙이 묻을세라 우리가 애지중지 보호하는 그

아이들의 팽팽한 마음
튀어오르는 몸
그 샘솟는 힘은
어디서 오는 것이냐

이 「오래된 물음」에 대한 한 가지 대답은 〈살아갈수록 변함없는〉 삶이 바로 그 아름다움, 그 샘솟는 힘의 원천이라는 것이다. 따라서 시인이 「반달곰에게」에서 〈하늘 아래 새로운 것은 없다〉고 단언할 때, 그것은 진보적인 역사관을 명확히 부정한 것이라기보다는 오히려 낡고 오래된 것이 곧 새로움의 원천일 수 있다는, 이 새로움이 다시 낡아지는 가운데 그 낡음 안에서 어쩌면 그것이 원인이 되어 새로움이 솟아난다는 것으로 이해함이 더욱 합당할 듯하다. 그리고 이 새로움, 이 팽팽한 마음이 값지고 소중한 것은 그것이 영원히 시들지 않을 것이어서가 아니라, 역설적이게도 그것이 곧 시들어 없어질 것이기 때문이며, 이 시든 꽃이 새 생명의 향기를 다시 피워낼 가능성이 있기 때문이다. 그래서 시인은 말한다.

때로는 죽음도 하나의 원인이 되는 법이다
그리고 하늘 아래 새로운 것은 없다
　　　　──「반달곰에게」끝부분

　삶을 이해하는 김광규의 기본 인식이 이러한 것이기 때문에 그는 참담한 폭력적 현실에 대해서 불타는 증오나 적개심 혹은 분노를 터뜨리지 않는다. 미움받아 마땅한 것에 대한 미움, 분노할 것에 대한 분노라는, 어떻게 보면 당연하고 건강하기까지 한 열정조차 그는 철저히 억눌러 절제한다. 구름 한 점 없이 맑고 투명한 가을 하늘이 곧 모든 귀찮은 것을 싹 쓸어버리는 과격주의와 폭력적·극단적 행동주의의 은유로 비치는 시인의 상상력은, 의로운 분노나 의로운 적개심에서도 궁극적으로 이와 동일한 원리를 감지하는 것이다. 섬세하고 세련된 자유로운 상상력의 소유자임을 자부하는 대부분의 자칭 세련된 시인들이 실제로 이런 논리를 내세워 자신들의 실천적 정열의 결핍을 교묘히 합리화한다. 따라서 김광규의 이런 자세도 현실의 어둠을 쳐부수기 위한 싸움을 회피하려는 자기 정당화 논리의 소산이라는 비난을 받을 소지가 없지 않다.
　그러나 자세히 살펴보면 김광규의 기본 자세는 방법화된 상상력의 자유로움, 포즈로서의 자기 성실성을 내세워 자기 최면적 쾌감에 탐닉하는 이런 시인들의 기본 자세와는 상당한 거리가 있다. 우선 의로운 분노를 촌스럽다고 애초부터 경원하거나 내던져버리는 것과 분노를 절제한다는 것은 근본적으로 다른 것이거니와, 김광규는 이런 시인들이 갖지 못한 우리 현실의 핵심 구조에 대한 총체적 인식을 보여준다. 이런 시인들이 분노와 적개심 혹은 순교자적 투신 같은 도덕적 열정에 깃들어 있을 수 있는 행동주의의 파괴적 속성을 경계하여 애초부터 부정적 현실 구조의 타파 노력에 회의적이거나 냉소적인 것에 반해, 폭력적 사회 현실을 타파하겠다는 열정 및 그런 열정의 실천은 마땅히 요청되는 것이기는 하되 그것만으로 문제가 다 끝나는 것이 아니니, 그런 열정의 변질이나 부패의 가능성까지를 꼼꼼히 따지면서 보다 냉철한 자세로 실천의 길에 들어가자는 것이 김광규의 기본 입장이라 하겠다.
  그가 생각하기에 우리의 일그러진 삶을 참다운 삶답게 고치는 일은 썩은 이빨을 뽑아버리듯 모든 부정적 요소를 일사불란하게 발본색원하는 것이 아니다. 그렇게 되지도 않는다. 성급한 마음 같아서는 썩은 것을 깨끗이 뽑아버리면 좋겠지만 〈빼어버리는 것〉이 곧 〈고치는 것〉이 아닌 것이 우리의 삶이다(「사랑니」). 일그러진 삶의 폭력에 시달리다 보면 반듯한 삶을 염원하게 되는데, 그러나 반듯한 삶이란 일그러진 삶을 뒤집은 것에 지나지 않는다. 일그러진 삶을 일거에 대치할 반듯한 삶이란 없다.
  또한 「크낙산의 마음」이 암시하고 있는 대로, 편안할 수도 있지만 삶답지 못한 삶을 정녕 삶다운 삶이 되게 하는 것은 그 삶의 현장을 떠나 자유로운 삶의 본고장으로 흔히 제시되는 자연에 은거하는 일도 아니다. 근본적으로 가치의 세계인 사람의 세계는 가치라는 중심이 없는 자연과는 다르다. 모든 가치로부터 떠나 있음으로 자유로운 자연 상태는 부러운 것이기는 하지만 현실적으로 사람의 몫은 아니다. 그러나 여전히 사람 세계의 가치는 이런 자연적 삶의 자유와 자연스러움에 의해 부단히 조명됨으로써만 진정한 가치로 살아날 수 있다.

그러니까 옷을 바꾸어 입듯 어떤 것으로 대치하거나 썩은 이를 빼버리듯 단번에 처치할 수도 없고, 그렇다고 산으로 가버리듯 훌쩍 떠나버릴 수 없는 것이 현실의 일그러진 삶이라면, 이 일그러진 현실의 삶을 참되게 바로잡는 일은 그 현실 안에서 어떤 자연스러운 삶의 원리를 회복시키는 일과 관계된다는 것이 김광규의 현실과 삶에 대한 기본 인식인 듯하다. 그리고 이런 인식의 호들갑스럽지 않은 범상함이 사람살이의 구체를 냉철히 보고 듣고 판단하는 맑은 의식, 모든 마취 상태와 결별한 아침의 맑은 의식과 만나는 곳에서 김광규의 어른스러운 시가 태어난다.

> 땅과 하늘을 집삼아
> 몸만 가지고 넉넉히 살아가는
> 저 숱한 나무와 짐승들
> 해마다 죽고 다시 태어나는
> 꽃과 벌레들이 부러워
> 호기롭게 야호 외쳐보지만
> 산에는 주인이 없어
> 나그네 목소리만 되돌아올 뿐
> (중략)
> 산에는 아무런 중심이 없어
> 어디서나 멧새들 지저귀는 소리
> 여울에 섞여 흘러가고
> 짙푸른 숲의 냄새
> 서늘하게 피어오른다
> 나뭇가지에 사뿐히 내려앉을 수 없고
> 바위 틈에 엎드려 잠잘 수 없고

낙엽과 함께 썩어버릴 수 없어
산에서 살고 싶은 마음
남겨둔 채 떠난다 그리고
크낙산에서 돌아온 날은
이름 없는 작은 산이 되어
집에서 마을에서
다시 태어난다

——「크낙산의 마음」끝부분

(서울대 교수)

연보

1941년(1세)	1월 7일, 서울 종로구 통인동 74번지에서 김형찬 씨의 막내아들로 태어남.
1947년(7세)	서울 청운국민학교 입학.
1950년(10세)	6·25 때 석 달 동안 인공 치하의 서울에서 죽음의 공포와 굶주림에 시달림.
1951년(11세)	1·4 후퇴 때 경기도 용인으로 피난. 나중에 평택군 안중리 근처에서 3년 거주.
1954년(14세)	서울로 돌아와, 서울중학교 입학.
1960년(20세)	서울고등학교 졸업. 서울대학교 문리대 독어독문학과 입학. 4·19 혁명 참여.
1964년(24세)	대학을 졸업하고 군에 입대.
1967년(27세)	만기 제대. 정혜영과 결혼.
1969년(29세)	중앙고등학교 독어 교사.
1972년(32세)	서울대 대학원에서 석사 학위를 받고, 독일로 유학. 괴테 인스티투트 독일어 교사 세미나 과정 수료, 디플롬 취득. 뮌헨대학 수학.
1974년(34세)	귀국하여 부산대 사범대 독어교육과 전임.
1975년(35세)	계간 《문학과지성》 여름호에 「유무」, 「영산」, 「부산」, 「시론」 등을 발표하며 시인으로 등단.
1978년(38세)	페터 빅셀의 산문집 『책상은 책상이다』(문장사) 번역 출간.
1979년(39세)	첫 시집 『우리를 적시는 마지막 꿈』(문학과지

	성사) 상자. 군부의 검열로 배포 금지되었다가. 다음 해에 출간.
1980년(40세)	시선집『19세기 독일시』(탐구당) 번역 출간. 한양대 문과대 독어독문학과로 직장을 옮김.
1981년(41세)	시집『우리를 적시는 마지막 꿈』으로 제1회 녹원문학상 수상. 제5회 오늘의 작가상 수상 시선집『반달곰에게』(민음사) 출간.
1983년(43세)	시집『아니다 그렇지 않다』출간. 서울대 대학원에서 문학박사 학위 취득. 저서『귄터 아이히 연구』(문학과지성사) 출간.
1984년(44세)	위의 시집으로 제4회 김수영 문학상 수상. 편저『현대 독문학의 이해』(민음사) 출간.
1985년(45세)	브레히트 시선집『살아남은 자의 슬픔』(한마당) 번역 출간.
1986년(46세)	시집『크낙산의 마음』출간. 귄터 아이히의 방송극 선집『알라신의 마지막 이름』(정음사) 번역 출간.
1987년(47세)	공동 시집『서울의 우울』(책세상) 출간.
1988년(48세)	전반기 시선집『희미한 옛사랑의 그림자』출간. 시집『좀팽이처럼』출간.
1990년(50세)	시집『아니리』출간. 미국 휘틀랜드 재단 초청으로 샌프란시스코 세계작가회의 참가.
1991년(51세)	시선집『대장간의 유혹』(미래사) 출간. 영역 시집『Faint Shadows of Love』(Brother Anthony 옮김) 런던에서 출간.(이 영역 시집으로 역자가 한국문학번역상 수상.) 카를 리하 시집『지금 이 순간』(민음사) 번역 출간. 독일 지

	겐대학 독문과 객원교수로 여름 학기에 「현대 한국문학의 양상과 독일문학의 수용」 강의.
1992년(52세)	독일 베를린 문학 교류회(LCB) 초청으로 '한국문학의 주간' 작품 낭독회 참가. 일본 동경에서 개최된 한일작가회의 참가.
1993년(53세)	주한독일문화원 및 파라다이스문화재단 공동 주최 '독일문학의 주간' 작품 낭독회 참가. (이후 한·독 문학 교류 행사 연례화)
1994년(54세)	시집 『물길』 출간. 시집 『아니리』로 제4회 편운문학상 수상.
1995년(55세)	하이네 시선집 『로렐라이』(민음사) 번역 출간.
1996년(56세)	산문집 『육성과 가성』(문학과지성사) 출간. 한·중·일 독어독문학자 대회에서 기조논문 「한국 현대문학에 반영된 독일문학의 영향」 발표.
1998년(58세)	시집 『가진 것 하나도 없지만』 출간. 빈대학 객원교수로 겨울 학기에 '오늘의 한국 문학' 강의. 오스트리아 문학 협회 초청 작품 낭독회 개최.
1999년(59세)	독역 시집 『*Die Tiefe der Muschel*』(정혜영 옮김) 빌레펠트에서 출간. (이 독역 시집으로 역자가 한국문학번역상 수상.)
2000년(60세)	스위스 취리히 시 초청 '한국 작가 작품 낭독회' 참가. 서울에서 「시의 숨결」 시 낭독회 개최. '금요일의 문학 이야기' 초청 강연.
2001년(61세)	회갑 기념 문집 『김광규 깊이 읽기』(성민엽 엮음) 발간. 후반기 시선집 『누군가를 위하

	여』 출간. 뮌헨 괴테 포럼 주최 '대도시 서울 작가 초청 작품 낭독회' 참가.
2002년(62세)	콜롬비아 메데진에서 개최된 세계서정시대회 참가.
2003년(63세)	시집 『처음 만나던 때』 출간. 슈투트가르트 작가의 집 초청 2개월 체류. 제11회 대산문학상 수상.
2004년(64세)	일본어 번역 시집 『金光圭詩集』(尹相仁, 森田進 공역) 동경에서 출간. 와세다대학교 초청 시 낭독 및 강연.
2005년(65세)	두 번째 영역 시집 『The Depths of a Clam』(Brother Anthony 옮김) 버펄로에서 출간. 스페인어 번역 시집 『Tenues sombras del viejo amor』(이성훈, Tobias Burghardt 공역) 마드리드에서 출간. 베를린 국제 문학 축전(ilb) 참가. 프랑크푸르트 국제 도서전 한국 주빈국 행사 참가.
2006년(66세)	산문집 『천천히 올라가는 계단』(작가) 출간. 미국 버펄로대학, 하버드대학, 버클리대학 초청 낭독회 개최. 독일 언어문학 예술원의 프리드리히 군돌프 상(Friedrich-Gundolf-Preis) 수상. 한양대 정년 퇴임.
2007년(67세)	시집 『시간의 부드러운 손』 출간. 중국어 번역 시집 『模糊的旧愛之影』(金冉 옮김) 베이징에서 출간. 중국 베이징과 상하이에서 시 낭독 및 강연. 제29회 이산문학상 수상.
2008년(68세)	(한·독 협회로부터) 이미륵 상 수상.

오늘의 시인 총서 16
희미한 옛사랑의 그림자

1판 1쇄 펴냄 1995년 11월 15일
1판 8쇄 펴냄 2023년 11월 13일

지은이　김광규
펴낸이　박근섭, 박상준
펴낸곳　(주)민음사

출판등록　1966. 5. 19.　(제16-490호)
서울특별시 강남구 도산대로1길 62(신사동)
강남출판문화센터 5층 (우편번호 06027)
대표전화 02-515-2000　팩시밀리 02-515-2007
www.minumsa.com

ⓒ 김광규, 1995. Printed in Seoul, Korea

ISBN 978-89-374-0616-4　04810
ISBN 978-89-374-0600-3 (세트)

* 잘못 만들어진 책은 구입처에서 교환해 드립니다.